법학적성시험
문항 유형 해설

🔍 **언어이해·논술** ✕

법학전문대학원협의회

「법학전문대학원 설치·운영에 관한 법률」에 의거하여 설립되었다. 법학전문대학원 입학 전형의 필수 반영 요소인 법학적성시험(LEET)의 시행기관으로서 공정한 출제와 관리, 질 높은 문항 개발 등을 위해 힘쓰고 있다.

법학적성시험 문항 유형 해설
언어이해·논술

초판 1쇄 펴낸날 | 2024년 5월 3일

지은이 | 법학전문대학원협의회
펴낸이 | 고성환
펴낸곳 | (사)한국방송통신대학교출판문화원
　　　　서울시 종로구 이화장길 54(03088)
　　　　전화 1644-1232
　　　　팩스 02-741-4570
　　　　홈페이지 http://press.knou.ac.kr
　　　　출판등록 1982년 6월 7일 제1-491호

출판위원장 | 박지호
편집 | 박혜원
본문 디자인 | 티디디자인
표지 디자인 | 김민정

ⓒ 법학전문대학원협의회, 2024
ISBN 978-89-20-05085-5 (13360)

값 16,000원

법학적성시험 문항 유형 해설

법학전문대학원협의회 지음

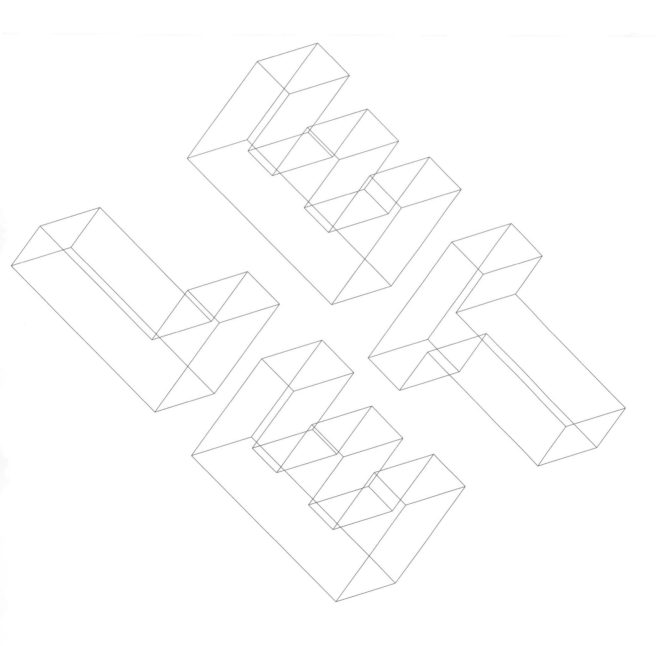

에피스테메
EPISTEME

머리말

법학적성시험은 응시자가 법학전문대학원 교육을 이수하는 데 필요한 수학 능력과 법조인으로서 지녀야 할 자질 및 적성을 측정하는 시험입니다. 법학전문대학원협의회 법학적성평가연구원은 법학적성시험이 이러한 본연의 목적을 달성할 수 있도록 꾸준히 노력해 왔습니다. 또한 법학전문대학원에 입학하기를 희망하는 학생들에게 시험에 대한 정확하고 신뢰할 수 있는 정보를 제공하고자 2016년 6월 『법학적성시험 안내서』를 출간한 바 있습니다. 이 책은 제목 그대로 법학적성시험이 어떤 시험인지 친절히 안내하는 책입니다.

한편 법학적성시험의 타당도와 신뢰도 제고를 위한 노력의 일환으로 2016년 12월 법학적성시험 개선안이 발표되었고, 2019학년도 시험부터는 이 개선안에 따라 시험 출제가 본격적으로 이루어졌습니다. 물론 개선안 적용 이후에도 응시자의 독해력과 사고력을 평가하는 것이라는 법학적성시험의 본질이 달라진 것은 아니었지만, 시험의 형태 및 평가 항목의 비중에 크고 작은 변화가 있었습니다. 이러한 변화에 맞추어 2020년 5월 『법학적성시험 안내서』의 개정판을 내어놓게 되었습니다. 개정판에서는 시험 문항을 해결하는 구체적인 원리와 방법을 설명하기에 앞서, 시험의 근본적인 의미 및 시험 준비 방법을 소개하는 내용을 새롭게 수록했습니다. 이는 시험을 준비하는 학생들에게 조금이라도 도움을 드리고자 법학적성평가연구원이 고민한 결과물입니다.

『법학적성시험 안내서』 개정판 출간 이후 또다시 4년이라는 시간이 흘렀습니다. 이에 법학적성평가연구원에서는 『법학적성시험 문항 유형 해설』이란 새로운 제목으로 『법학적성시험 안내서』의 증보판을 펴내게 되었습니다. 『법학적성시험 문항 유형 해설』의 특징은 언어이해, 추리논증, 논술 각 영역의 문항 유형을 설명하면서 풍부한 예시 문항을 수록했다는 점입니다. 시험을 준비하는 과정에서 법학적성시험에서 출제되는 문항의 유형에는 어떤 것들이 있는지, 그리고 각 유형의 문제들의 난이도는 어떠한지를 미리 경험하는 것만으로도 시험에 대한 적응력을 키우는 데 상당한 도움이 될 것입니다.

법학전문대학원 입학을 준비하는 학생 여러분께 본『법학적성시험 문항 유형 해설』이 유용한 길잡이가 되기를 바라며, 나아가 미래 법조인을 향한 여러분의 원대한 목표가 실현되기를 기원합니다.

2024년 5월
법학전문대학원협의회 법학적성평가연구원장 정병호

차 례

논술

정답 및 풀이

법학적성시험

법학적성시험 개요

시험의 성격 및 목적

■ 법학적성시험은 법학전문대학원 교육을 이수하는 데 필요한 수학 능력과 법조인으로서 지녀야 할 기본적 소양 및 잠재적인 적성을 가지고 있는지를 측정하는 시험이다. 법학전문대학원 입학 전형에서 적격자 선발 기능을 제고하고, 법학 교육 발전을 도모하는 데 목적이 있다.

법학전문대학원 입학 자격

■ 법학전문대학원 입학 자격은 「법학전문대학원 설치 · 운영에 관한 법률」 제22조에 따라 '학사 학위를 가지고 있는 자 또는 법령에 의하여 이와 동등 학력이 있다고 인정된 자'와 '해당 연도 졸업 예정자(학위 취득 예정자 포함)' 이다.

시험 영역 및 시험 시간

■ 법학적성시험은 언어이해 영역, 추리논증 영역, 논술 영역으로 구성된다. 언어이해 영역과 추리논증 영역은 5지선다형이고, 논술 영역은 서답형이다.

▌영역별 문항 수 및 시험 시간

교시	시험 영역	문항 수	시험 시간	문항 형태
1	언어이해	30	09:00 ~ 10:10(70분)	5지선다형
2	추리논증	40	10:45 ~ 12:50(125분)	5지선다형
	점심시간		12:50 ~ 13:50	–
3	논술	2	14:00 ~ 15:50(110분)	서답형
계	3개 영역	72문항	305분	–

출제의 기본 방향 및 범위

가. 공통 사항

- 특정 전공 영역에 대한 세부 지식이 없더라도 대학 교육과정을 정상적으로 마쳤거나 마칠 예정인 수험생이면 주어진 자료에 제공된 정보와 종합적 사고력을 활용하여 문제를 해결할 수 있도록 문항을 구성한다.

나. 언어이해 영역

- 법학전문대학원 교육에 필요한 독해 능력, 의사소통 능력 및 종합적인 사고력을 측정한다.
- 평가 틀

▌언어이해 영역 문항 분류표

문항 유형 / 내용 영역	주제·구조·관점 파악	정보의 확인과 재구성	정보의 추론과 해석	정보의 평가와 적용
인문				
사회				
과학기술				
규범				

(1) 내용 영역

인문, 사회, 과학기술, 규범 영역

1) 인문: 인간의 본질과 문화에 대한 탐구와 설명을 목적으로 하는 인문적 텍스트
2) 사회: 사회 현상에 대한 탐구와 설명을 목적으로 하는 텍스트
3) 과학기술: 자연 현상, 기술 공학에 대한 탐구와 설명을 목적으로 하는 텍스트
4) 규범: 법과 윤리에 대한 탐구와 설명을 목적으로 하는 텍스트

(2) 문항 유형

1) 주제·구조·관점 파악: 제시문의 주제나 구조와 전개 방식 또는 제시문에 소개된 인물(글쓴이 포함)이나 이론의 관점을 파악한다.
2) 정보의 확인과 재구성: 제시문에 나타난 정보 및 정보의 관계를 정확히 파

악하여 다른 표현으로 재구성한다.

3) 정보의 추론과 해석: 제시문에 제시된 정보를 바탕으로 새로운 정보를 추론한다. 맥락을 고려한 해석을 통하여 정보가 가지는 적합한 의미를 밝혀낸다.

4) 정보의 평가와 적용: 제시문에 주어진 논증이나 설명의 타당성을 평가한다. 제시문에 소개된 원리를 새로운 사례나 상황에 적용한다.

다. 추리논증 영역

■ 사실, 주장, 이론, 해석 또는 정책이나 실천적 의사결정 등을 다루는 다양한 분야의 소재를 활용하여 법학전문대학원 교육에 필요한 추리(reasoning) 능력과 논증(argumentation) 능력을 측정한다.

■ 평가 틀

▌추리논증 영역 문항 분류표

내용 영역＼문항 유형	추리		논증		
	언어 추리	모형 추리	논증 분석	논쟁 및 반론	논증 평가 및 문제해결
논리학·수학					
인문					
사회					
과학기술					
규범					

가) 추리

(1) 내용 영역

논리학·수학, 인문, 사회, 과학기술, 규범 영역

(2) 문항 유형

1) 언어 추리: 일상어를 통하여 이루어지는 추리

2) 모형 추리: 도형, 표, 그래프, 수, 기호 등과 같은 비언어적 표상(모형)을 이용하여 이루어지는 추리(형식적 추리, 논리게임, 수리 추리로 구성됨)

① 형식적 추리: 형식적으로 타당한 추론 규칙을 이용하여 이루어지는 추리

② 논리게임: 연역적인 추리 능력을 검사하는 전형적인 논리퍼즐
③ 수리 추리: 수리적인 자료로부터 수리적으로 이루어지는 계산이나 추리

나) 논증

(1) 내용 영역

인문, 사회, 과학기술, 규범 영역

(2) 문항 유형

1) 논증 분석: 논증의 주장과 제시된 근거 파악하기, 논증이 기반하고 있는 원리나 가정 등 파악하기, 논증에서 생략된 전제 찾기, 논증의 구조를 분석하거나 논증 유형 비교하기 등
2) 논쟁 및 반론: 논쟁의 쟁점을 파악하거나 공통의 가정 내지 전제 파악하기, 주어진 논증에 대하여 반론 제기하기, 비판이나 반론에 대하여 논증을 수정·보완하거나 재구성할 방안 찾기 등
3) 논증 평가 및 문제해결: 논증에서 결론의 정당성을 강화하거나 약화하는 사례 내지 조건 파악하기, 논증에 대하여 종합적으로 평가하기, 갈등이나 역설의 논리적 기반을 파악하거나 그 해소 방안 찾기 등

라. 논술 영역

- 법학전문대학원 교육 및 법조 현장에서 필요한 논증적 글쓰기 능력을 측정한다.
- 평가 틀

▎ 논술 영역 평가 목표 분류표

평가 영역 내용 영역	분석		구성			
인문 사회 과학기술 규범 등	논제 분석	제시문 분석	논증	비판	전개	표현

(1) 내용 영역

인문, 사회, 과학기술, 규범 및 이들의 복합 영역

(2) 평가 영역

1) 분석: 텍스트를 분석하고 이해하는 능력

• 논제 분석: 주어진 논제의 의도와 그것이 요구하는 과제의 성격을 정확히 파악할 수 있는 능력

• 제시문 분석: 주어진 제시문을 이해하고 그것이 조직되어 있는 방식을 발견해 내는 능력

2) 구성: 사고를 구성하여 글로 완성하는 능력

• 논증: 논리적으로 사고를 구성하는 능력

• 비판: 타당한 근거를 바탕으로 한 평가 및 판단 능력

• 전개: 심층적 및 독창적 사고를 구성하는 능력

• 표현: 적절한 언어를 사용하여 글로 표현하는 능력

(3) 문항 유형

• 사례형: 주어진 사례의 문제 상황을 해결하는 방안과 해당 논거를 논리적으로 구성하고, 이를 설득력 있게 표현할 수 있는지를 평가하는 유형

법학적성시험 언어이해 및 추리논증 영역 점수 체제

■ 채점 및 점수 체제

• 언어이해 영역, 추리논증 영역의 정답 문항은 1점, 오답 문항은 0점으로 채점한다.

• 언어이해 영역은 평균 45, 표준편차 9인 표준점수를 사용한다.

• 추리논증 영역은 평균 60, 표준편차 12인 표준점수를 사용한다.

▎ 법학적성시험의 영역별 문항 수 및 표준점수

영역	문항 수	표준점수		
		평균	표준편차	범위
언어이해	30	45	9	0 ~ 90
추리논증	40	60	12	0 ~ 120

법학적성시험 성적의 활용

- 법학적성시험 성적은 당해 학년도에 한하여 유효하며, 개별 법학전문대학원의 결정에 따라 학부 성적, (심층)면접, 자기소개서, 어학 성적 등과 함께 법학전문대학원 입학 전형 요소의 하나로 활용된다.
- 「법학전문대학원 설치·운영에 관한 법률」 제23조(학생 선발)

장애인 수험생 편의 지원

- 원서접수자 중 신체장애로 인해 시험 응시에 현실적인 어려움이 있는 자
- 「장애인복지법 시행령」 제2조에 따른 등록 장애인: 시각장애인, 뇌병변장애인, 지체장애인 등
- 임신부 등 편의지원 제공이 필요한 자

응시수수료 면제

- 취지
- 저소득 가구 수험생의 응시수수료 면제를 통해 서민의 법조계 진입장벽 완화에 기여
- 대상
- 「국민기초생활보장법」 제2조 제1호의 수급권자, 「국민기초생활보장법」 제2조 제10호의 차상위계층 또는 「한부모가족지원법」 제5조 및 제5조의2에 따른 지원대상자로 「법학전문대학원 적성시험의 응시수수료 및 반환금액, 절차·방법 등에 관한 고시」의 증빙서류를 지정된 기간에 제출한 자

기타 사항

- 자세한 사항은 법학적성시험 홈페이지(http://www.leet.or.kr)를 참조하기 바란다.

법학적성시험의 의미*

법학적성시험은 법전원수학능력시험이다

법학적성시험은 법학전문대학원(이하 '법전원')에서 효율적으로 학습할 수 있는 사고 능력을 측정하는 진학적성검사로 '법전원수학능력시험'이라고 할 수 있다. 법학적성시험에서는 언어이해, 추리논증, 논술을 통해 법전원 수학 능력을 평가한다.

미국 로스쿨입시위원회(LSAC)는 로스쿨 과정을 이수하는 데 필요한 '법학적성'으로 열네 가지를 들고 있는데, 여기에도 읽기, 추론, 논증 구축, 문제해결 능력이 포함된다. 이들 능력을 미국 법학적성시험(LSAT)에서 측정하고 있는 것은 우리나라와 마찬가지이다. 장래 테니스 선수를 선발하는 데 기초 체력을 측정하는 것과 같은 원리이다.

법학적성시험은 법학적성 중 사고력을 측정하는 시험이다

법학적성시험 성적순으로 학생을 선발하면 그 성적순으로 법전원 성적도 나오고 변호사시험의 당락도 예측할 수 있기를 기대하지만 실제에서는 차이를 보이기도 한다. 법전원 성적에는 독해, 추론, 논증 능력 외에 의지, 체력, 암기력 등 다양한 요소가 영향을 미친다.

한 가지 기준으로 법학적성의 모든 측면을 평가할 수는 없다. LSAC에서 규정한 열네 가지 법학적성 중 협동심, 연구 수행 능력, 구어 의사소통 능력 등은 필기시험에서 측정하기 어렵고, 시간 관리 능력은 간접적으로만 측정할 수 있다. 기초 체력만으로 장래 테니스 대회의 성적을 예측할 수는 없다. 이러한 까닭에

---

* 2018~2020학년도 법학적성시험 출제위원장 오수근 교수가 『법률신문』에 기고한 동 제목의 칼럼 「법학적성시험의 의미」(2019. 9. 2.)를 본서의 취지와 목적에 맞게 수정하여 수록하였다.

법전원 입학 전형에서도 법학적성시험 성적 외에 학부 성적, 공인 영어 성적, 자기소개서와 면접 점수 등을 함께 고려한다. 이를 통해 법학적성시험이 측정하지 못하는, 학부에서 취득한 전공 지식, 성실성, 인성 등을 종합적으로 반영하는 것이다.

법학적성시험은 변호사시험 당락과 관련성이 높다

법학적성시험 성적이 특정 법전원에서의 학업 성적과 상관이 높기는 어렵다. 입학생 사이에 법학적성시험 성적 차이가 크지 않고 측정오차가 있기 때문이다. 그러나 전체 법전원생을 대상으로 하면 법학적성시험 성적이 변호사시험 당락과 유의미한 관련성을 보인다. 2014~2016학년도에 법전원에 입학하여 졸업한 학생들의 법학적성시험 성적을 5개 그룹으로 나누어 변호사시험 합격률을 비교해 보면, 법학적성시험 성적이 높은 그룹일수록 변호사시험 합격률이 증가하는 것을 볼 수 있다. 변호사시험 당락은 대규모 인원에 대해 단일한 기준에 따라 산출된 결과이므로 이와의 관련성은 특정 법전원 학업 성적과의 관련성보다 훨씬 더 신뢰할 수 있다. 법학적성시험이 법학적성과 무관하다는 생각은 근거 없는 주장이다.

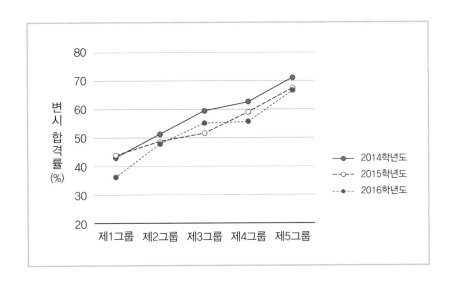

법학적성시험은 법학 지식을 묻는 시험이 아니다

간혹 법학적성시험에서 법학 지식을 측정하지 않는 것에 대해 의문을 제기하는 사람이 있다. 법전원 체제는 학부에서 법학이 아닌 다른 전공 분야에서 전문 지식을 연마한 후 대학원 과정에서 법학을 배우는 구조이다. 그래서 현행법에서도 법학적성시험에서 법학 지식을 묻는 것을 금하고 있다. 법학 지식은 입학 이후에 법전원에서 배우고 익힐 대상이지 법학적성시험에서 물어야 할 것이 아니다. 서비스와 스트로크는 테니스 선수로 선발된 후에 배우는 것이다.

법학적성시험의 의미를 바르게 이해해야 한다

훌륭한 법률가가 될 능력과 자질은 다양한 방식으로 평가되어야 한다. 법학적성시험은 그중 하나의 기준을 제공하는 것이다. 독해와 추론이 필수적인 요소이나 전부는 아니다. 이러한 한계에도 불구하고, 법학적성시험은 전국적으로 시행되는 객관적인 시험이라는 점에서 법전원 입학 전형에서 큰 의미가 있다. 법전원 전체 응시자 중에서 각 응시자의 독해 및 추론 능력이 어느 위치에 있는지를 보여 준다. 응시자 본인이 법전원에서 수학하는 데 필요한 기초적인 능력을 어느 정도 갖추고 있는지 알 수 있으므로 자신의 진로를 결정할 때 자료로 사용할 수 있다. 법학적성시험의 의미가 바르게 이해되어 법학적성시험이 본래의 역할을 충분히 할 수 있기를 기대한다.

법학적성시험 준비 방법

성장 마인드셋 유지

미국 스탠퍼드대학교 심리학과 교수인 캐럴 드웩(Carol Dweck)은 자신의 지적 능력이 고정되어 있지 않고 본인의 노력에 달려 있다는 확신만으로도 학습과 수행에 큰 영향을 미친다는 사실을 입증했다. 드웩의 연구에 따르면, 자신의 지적 능력이 고정되어 있다고 믿는 사람은 도전을 피하고 역경 앞에서 쉽게 포기하여 본인의 잠재력을 충분히 발휘하지 못하는 경향이 있다. 이들은 실패를 타고난 능력 부족 때문으로 여기고 열심히 노력하지 않는다. 어차피 해도 안 될 것이라고 생각하기 때문이다. 반면 노력과 학습이 뇌를 변화시키고 지적 능력이 자신의 통제에 크게 의존한다는 신념이 있는 사람은 어려운 도전에 착수하고 꾸준히 버티는 경향이 있다. 이들은 실패한 경우에도 낙담에 빠지는 대신, 그것을 미래의 성공을 위한 디딤돌로 여긴다. 여기서 교훈을 얻어서 다음에 더 열심히 노력하면 잘될 것이라고 생각하기 때문이다. 이들은 도전을 받아들이고 역경에 맞서 싸운다. 그 결과 자신의 잠재력을 충분히 발휘하여 최고의 성과를 내고 원하는 바를 이룰 수 있다.

법학적성시험을 준비하는 첫 번째 단계는 이러한 성장 마인드셋(growth mindset)을 기르고 유지하는 것이다.

능동적이고 의식적인 연습

미국 플로리다 주립대학교 심리학과 교수인 안데르스 에릭슨(Anders Ericsson)의 연구에 따르면, 현재 자신의 수준을 능가하는 전문적 지식이나 기술을 쌓기 위해서는 의식적인 연습(deliberate practice)을 충분한 기간 동안 수행해야 한다. 의식적인 연습이란 편안하고 익숙한 상태를 벗어나는 무언가를 시도하되, 자신이 어떻게 하고 있는지, 부족한 부분은 어디인지, 어떻게 해야 잘할 수 있는지에 집중하면서 반복적으로 수행하는 연습을 뜻한다.

법학적성시험을 대비할 때 강의를 일방적으로 수강하거나 단순히 문제풀이에만 집중하는 방식으로는 법학적성시험에서 요구하는 높은 수준의 사고력 계발을 기대하기 어렵다. 그런 방식은 기껏해야 심리적인 편안함을 제공할 뿐이다. 법학적성시험 대비의 핵심은 능동적으로, 각고의 노력을 들여, 어려움에 도전해야 한다는 것이다. 예컨대 새로운 지식을 기존의 지식과 연결하여 자신의 언어로 표현해 보는 것은 효과가 검증된 매우 효율적인 훈련 방법이다.

다만 이것은 단기간에 이루어질 수 있는 훈련이 아니므로 법학전문대학원 진학을 희망하는 수험생은 충분한 기간을 갖고 법학적성시험을 준비할 필요가 있다. 만일 대학생이라면 가급적 저학년 때부터 법학적성시험 준비를 시작할 것을 권장한다. 그리고 혼자 준비하는 것보다는 다양한 배경을 지닌 학생들끼리 자발적으로 스터디 모임을 구성하여 상호 토론과 논쟁에 능동적으로 참여할 때 논리적 사고력 계발을 한층 수월하게 할 수 있을 것이다.

폭넓은 독서 활동

그렇다면 구체적으로 무엇을 어떻게 준비할 것인가? 법학적성시험은 논리적 사고력을 측정하기 위한 시험이나, 제시문의 수준과 분량을 감안하면 응시생이 지닌 배경지식의 정도가 시험 성적에 영향을 미칠 수밖에 없다. 또한 논리적 사고와 지식을 완전히 별개의 것으로 이해하는 것은 적절치 않다. 지식은 논리적 사고의 재료가 되므로 지식 없이는 분석, 종합, 창조적 문제해결과 같은 고등 사고의 훈련 효과는 제한적일 수밖에 없기 때문이다. 이때 지식을 쌓는 가장 좋은 방법은 풍부한 독서이다.

독서를 할 때는 책을 읽는 목적, 해결해야 하는 과제, 책의 특성, 배경지식의 정도 등에 따라 독서의 속도, 꼼꼼히 읽는 정도, 내용에 대한 수용 태도를 조절할 필요가 있다. 독서 후에는 책 내용을 자신의 언어로 정리하는 과정이 매우 중요하다. 스스로의 피드백을 통해 자신이 무엇을 알고 모르는지, 책 내용 중 어떤 부분이 자신의 지식 공간 안에서 본인의 것으로 재구성되었는지 알 수 있기 때문이다.

특정 분야에 제한되지 않은 폭넓은 독서를 통해 축적된 독서량은 법학적성시험 제시문의 내용을 빠르게 파악하는 원동력이 된다. 제시문의 수준이 상당히 높기 때문에 단순한 속독 훈련을 통해서는 제시문을 정확하고 빠르게 독해하기 어렵다. 제시문의 제재나 내용에 대해 두려움이나 낯설다는 감정이 앞서면, 글의 핵심을 파악하지 못하고 피상적으로 읽게 되는 경향이 있으므로 인문, 사회, 과학기술, 규범에 해당하는 다양한 분야의 글을 평소에 두루 읽어 두는 것이 좋다. 특히 인문사회계열 전공자의 경우 교양서적이나 잡지 등을 통해 과학기술 분야에 대해 의식적으로 관심을 가질 필요가 있다.

논리학 혹은 비판적 사고 학습

법학적성시험을 준비하는 수험생 중 상당수가 논리학을 공부한다. 물론 법학적성시험에서 요구하는 것은 논리학 지식이 아니라 논리적 사고력이지만, 논리학 혹은 비판적 사고(critical thinking)를 학습하는 것 자체는 권장한다. 독서와 함께 이러한 학습을 통해 논리적 사고력을 계발할 수 있기 때문이다. 다만 여기에는 약간의 주의가 요구된다.

물론 논리학을 수강했다고 해서 바로 논리적으로 사고하게 되는 것은 아니다. 습득한 논리학 지식을 문제해결 시에 제대로 활용하기 위해서는 역시 충분한 기간 동안 의식적인 연습이 필요하다. 최소 훈련 시간에 대해서는 연구자마다 견해가 조금씩 다르나, 적극적이고 능동적인 연습문제 풀이와 학생 간에 상호 토론이 수반되어야 논리학 학습의 제대로 된 효과를 기대할 수 있다는 점에서는 의견이 일치한다.

논리학 혹은 비판적 사고의 교재/강좌의 질은 저자/강사에 따라 차이가 있으므로 교재/강좌를 선택하기 전에 저자/강사의 세부 전공과 연구 경력, 이전 수강생의 강의 평가 등을 면밀히 고려하는 편이 좋다. 충분히 검증되고 신뢰할 수 있는 교재와 강좌를 선택하기를 권한다.

개별 학문, 예컨대 사학, 경제학, 물리학 등에서 비판적 사고를 훈련하는 것도 물론 가능하다. 어떤 실험의 결론 및 그것이 함축하는 바가 무엇인지 찾고, 결론을 지지하는 추가적인 근거를 제시하며, 실험에 전제되어 있는 가정들은 무엇인지 찾아 전체 실험 과정을 재구성해 보는 등의 활동을 통해 얼마든지 사고 역량을 키울 수 있다.

기출문제 활용

다시 한번 말하지만, 법학적성시험은 주어진 제시문을 읽고 정보를 처리하는 능력을 평가하는 사고력 시험이다. 따라서 비판적으로 사고할 수 있고 다양한 분야의 문헌 자료를 읽고 정보를 처리하는 훈련이 된 사람이라면, 특별한 준비 없이도 높은 성적을 받을 수 있다. 다만 모든 시험에서 시험 적응 효과가 있는 것도 사실이므로, 정해진 시험 시간을 준수하여 LEET 기출문제를 여러 차례 반복해서 풀어 봄으로써 자신만의 시험 요령을 터득할 수 있다. 기출문제를 풀어본 후에는 스스로 풀이 과정에 대해 충분히 고민한 후 법학전문대학원협의회에서 출간한 본서와 『법학적성시험 문제 해설』을 참고용으로 활용하는 것이 바람직하다.

언어이해

언어이해 문항의 성격과 분류

문항 유형 해설 및 기출예제

언어이해 문항의 성격과 분류

언어이해 문항의 성격

법학전문대학원에서 수학하는 예비 법조인이나 학술 및 실무 분야에서 활동하는 법조인은 법학서와 법조문은 물론 각종 연구 보고서나 규범·가치에 관한 성찰을 담은 문헌에 이르기까지 다양한 텍스트를 다룬다. 따라서 예비 법조인과 법조인은 무엇보다도 다양한 종류의 텍스트를 정확하게 독해하는 능력을 갖추어야 한다. 그리고 이러한 능력을 바탕으로 텍스트를 통해 얻은 정보나 지식이 다른 맥락 또는 상황에서는 어떤 귀결을 낳고 어떻게 적용될 수 있는지, 그리고 텍스트에서 제시된 정보와 논의의 타당성 여부를 비판적으로 검토하는 등의 텍스트를 심층적으로 이해하는 능력도 갖추어야 한다.

언어이해 영역은 법학전문대학원 교육을 이수하고 법조인으로서 직무를 수행하는 데 필수적인, 텍스트에 대한 정확하고 심층적인 독해 능력을 측정하기 위해 설계되었다. 제시문은 인문, 사회, 과학기술, 규범 분야에서 다루는 주제와 관련한 논증, 설명, 기술 등과 같은 다양한 형식의 서술문으로 구성된다. 각 문항은 글의 주제나 구조(부분의 기능) 또는 글에 나오는 인물(글쓴이 포함)이나 이론의 관점을 파악하는 능력, 글 속에 나타난 정보를 확인하거나 재구성하는 능력, 제시된 정보로부터 새로운 내용을 추론하거나 표현이나 자료의 의미를 해석하는 능력, 제시된 정보를 비판적으로 검토하고 평가하거나 글 속의 원리나 입장을 새로운 사례나 상황에 적용하는 능력을 측정하는 유형으로 구분된다.

언어이해 문항의 분류

(1) 주제 · 구조 · 관점 파악

글의 주제나 구조와 전개 방식을 파악하고, 이러한 파악에 기초하여 전체 글을 재구성한다. 글에 소개된 인물(글쓴이 포함)이나 이론의 관점, 입장, 태도 등을 파악하고, 해당 인물이나 이론이 다른 사안이나 상황에 대해 취할 만한 입장이나 태도를 추정해 본다.

(2) 정보의 확인과 재구성
글에 나타난 정보 및 정보 간의 관계를 파악하여 내용의 왜곡 없이 표현을 바꾸어 서술한다. 글 속에서 주어진 정보를 추출하여 적절한 논리와 방법에 따라 재구성한다.

(3) 정보의 추론과 해석
글에 나타난 논증이나 설명에서 전제되는 가정이나 조건을 찾는다. 글 속의 정보에 함축된 논리적 귀결을 도출하거나, 맥락을 고려하여 정보가 가진 적절한 함의를 추론한다.

(4) 정보의 평가와 적용
합당한 기준에 따라 주어진 논증이나 설명의 타당성을 평가한다. 새로운 정보가 기존 정보에 미치는 영향(강화, 약화 등)을 판단한다. 글 속의 원리나 입장을 새로운 사례나 상황에 적용한다.

▌ 언어이해 내용 영역

- 인문: 인간의 본질과 문화에 대한 탐구를 목적으로 하는 텍스트
- 사회: 사회 현상에 대한 탐구를 목적으로 하는 텍스트
- 과학기술: 자연 현상, 기술 및 공학에 대한 탐구를 목적으로 하는 텍스트
- 규범: 규범이나 가치에 대한 탐구를 목적으로 하는 텍스트

▌ 언어이해 문항 분류표

문항 유형 내용 영역	주제 · 구조 · 관점 파악	정보의 확인과 재구성	정보의 추론과 해석	정보의 평가와 적용
인문				
사회				
과학기술				
규범				

문항 유형 해설 및 기출예제

1. 주제 · 구조 · 관점 파악

언어이해 영역에서는 글을 전체적으로 읽는 능력과 글을 세부적으로 읽는 능력을 측정한다. 주제 · 구조 · 관점 파악 유형은 글을 전체적으로 읽는 능력을 측정하기 위한 유형이다.

주제 · 구조 · 관점 파악 유형은 글의 주제나 구조를 파악할 것을 요구하는 유형과 글쓴이 또는 글에 등장하는 인물이나 이론의 관점이나 입장을 파악할 것을 요구하는 유형으로 나뉜다. 전자에 포함되는 문항은 주로 글 전체에 대해서 묻는 방식으로 출제되며, 전체적인 내용을 묻는 방식 또는 전체 글을 구성하는 각각의 문단에 대해서 묻는 방식이다. 그러나 간혹 특정 문단과 같이 글의 일부분에 대해서만 묻는 방식으로 출제되기도 한다. 후자에 포함되는 문항은 글쓴이 또는 글에 등장하는 인물 등이 중심 주제나 세부 주제에 대하여 취하는 입장을 묻는다.

1) 주제, 문제의식, 중심 생각

일반적으로 글쓴이는 특정한 제재를 통해 사람들이 공감할 수 있는 문제를 제기하고 객관적 사실이나 정보 혹은 자신의 생각이나 의견을 전달하고자 한다. 글을 읽고 이해하기 위한 첫걸음은 글쓴이가 글을 통해서 중심적으로 다루는 주제와 글쓴이의 중심 생각을 파악하는 것이다.

글쓴이는 대체로 자신이 다루는 주제를 몇 가지 핵심어를 통해서 시사하기도 하고 전체 제시문에서 반복적으로 또는 자주 언급함으로써 드러내기도 한다. 언어이해 영역의 제시문은 한두 가지 주제에 대해서 설명하거나 관련한 특정 주장을 내세우는 경우가 보통이다. 언어이해 영역에서는 "윗글이 다루는 중심 문제로 가장 적절한 것은?" 또는 "글쓴이의 문제의식으로 보기 어려운 것은?" 등과 같은 질문을 통해 제시문이 다루는 주제나 문제의식을 묻는 문항을 출제한다.

글쓴이가 글 전체를 통해서 드러내는 중심 생각을 파악하기를 요구하는 문항은 "윗글의 중심 생각으로 가장 적절한 것은?"과 같은 직접적 형태나 "글쓴이가 동의할 만한 것으로 가장 적절한 것은?"과 같은 간접적 형태로 출제한다. 이러한 문항은 정보의 확인과 재구성 유형의 문항과는 성격이 다르다. 물론 글의 일부분에 중요한 실마리나 결정적 근거가 담겨 있을 수 있다. 예를 들어, 두괄식이나 미괄식 등과 같이 중심 생각이 글의 앞이나 뒤에 한두 문장으로 명시적으로 진술되어 있는 경우 수험생은 해당 문장을 찾음으로써 글의 중심 생각을 확실하게 찾아낼 수도 있다. 하지만 그렇지 않은 경우도 많으므로 수험생은 글의 일부분이나 지엽적 내용에 근거하여 글이 중심적으로 말하는 바를 추정하거나 추론하지 않도록 주의한다. 글쓴이가 글 전체를 통해서 중심적으로 말하는 바는 글 전체 내용에 의해 뒷받침된다는 점을 명심해야 한다.

2) 구조, 전개 방식

언어이해 영역에서는 글 전체가 어떻게 구성, 구조, 전개, 조직화되었는지를 물을 수 있다. 이러한 문항 유형은 크게 두 가지로 구분된다. 한 유형은 제시문이 전체적으로 어떤 구조 내지 패턴으로 조직화되었는지를 묻는 것이다. 제시문에 따라 다양한 방식의 구조나 패턴을 보일 수 있겠지만, 한 편의 글은 정의하기, 분류하기, 비교 및 대조하기, 원인과 결과 분석하기 등과 같은 특정한 구조 패턴을 뼈대로 가질 수 있다. 다른 유형은 제시문이 전체적으로 어떤 논의 흐름으로 전개되는지를 묻는 것이다. 예를 들어, 어떤 글은 특정 학문에서 다루는 문제와 여기에 대한 주요 학설 및 이에 반대하는 논증을 소개한 다음, 주요 학설의 입장에서 반대 논증을 차례대로 격파하는 방식으로 전개될 수 있다. 어떤 글은 특정 학문의 주요 개념이 역사적으로 어떠한 과정을 거쳐서 현대적 개념으로 정착되었는지를 설명하는 방식으로 전개될 수도 있다. 글마다 제각각의 구조적 특성과 고유한 전개 방식을 가지므로 수험생은 많은 글을 읽으면서 각각의 글이 어떻게 조직화되고 전개되는지 살펴보는 훈련으로 이 유형의 문제에 대비할 수 있다.

수험생은 이 유형이 글의 전체적인 구조나 전개 방식에 대해 묻는 것이라는 점을 유념해야 한다. 다시 말해, 수험생은 이러한 유형의 문항에 접했을 때 제시문에서 매우 중요한 것으로 언급되기는 하지만 특정한 부분의 세부적인 구조만을 묘사하는 데 그치거나 글쓴이가 중심 생각에 이르기 위해서 거치는 세세한 전개 방식만을 추적하는 선택지를 택해서는 안 된다. 수험생은 글의 전체적인 구조나 전반적인 전개 방식을 적절하게 진술하는 선택지를 골라야 한다.

3) 인물이나 이론의 관점, 입장, 태도 파악

일반적으로 글쓴이는 독자에게 어떤 정보를 전달하기 위해서, 혹은 독자가 어떤 주장을 받아들이도록 설득하기 위해서, 혹은 독자에게 자신의 느낌을 전달하거나 어떤 즐거움을 주기 위해 글을 쓴다. 언어이해 영역에서는 정보를 전달하는 글이나 독자를 설득하기 위한 글을 주로 다룬다. 정보를 전달하는 글에서 글쓴이는 주어진 문제나 현상에 대해 대립하는 입장을 객관적으로 소개하거나 설명하고자 한다. 설득을 목적으로 하는 글에서 글쓴이는 자신의 입장이나 관점을 분명하게 밝히고 자기 주장의 설득력을 높이기 위해서 근거를 제시하려고 한다. 여기에는 어떤 문제에 대해 상이한 설명이나 이론을 제시하면서 그중 특정한 설명이나 이론이 다른 것보다 우월하다고 논증하는 글도 포함된다.

정보를 전달하는 글과 독자를 설득하기 위한 글에서는 위와 같이 글쓴이의 관점이나 입장이 드러나기도 하고, 글쓴이가 소개하는 인물·집단·이론 등의 관점이나 입장이 드러나기도 한다. 언어이해 영역에서는 "○○○에 대한 글쓴이의 입장으로 가장 적절한 것은?" 또는 "㉠~㉢에 대한 설명으로 가장 적절한 것은?" 등과 같은 질문을 통해 글쓴이 또는 기타 인물이나 이론의 관점, 입장을 묻는 문항을 출제한다. 또 해당 인물이나 이론이 다른 사안이나 상황에 대해 취할 만한 입장이나 태도를 적절히 추정할 수 있는지를 평가하기 위해 "㉠의 입장에서 〈보기〉에 대해 제시할 수 있는 견해로 가장 적절한 것은?"과 같은 형태로 출제하기도 한다.

제시문에 소개된 두 가지 이상의 입장이나 이론 간의 논리적 관계를 정확히 이해하고 있는지를 평가하는 문항도 출제된다. 예컨대, 제시문에 소개된 두 가지 입장에 대해서 "㉠과 ㉡이 모두 동의할 만한 것은?"이나 "㉠과 ㉡이 가장 큰 차이를 보이는 점은?"과 같은 형태의 질문을 통해 인물이나 이론의 공통점 혹은 유사점, 그리고 차이점이 무엇인지 물을 수 있다. 나아가 단순한 비교를 넘어 상세한 비교를 요구하는 방식으로도 출제된다. 예를 들어, 제시문에서 소개된 입장에 대해 여러 가지 측면이나 기준에서 유사점이나 차이점을 파악하도록 요구할 수 있다. 또한 주요 입장이 어떤 관계를 맺고 있는지, 가령 지지하는 관계인지, 상술하는 관계인지, 또는 전반적인 논조에는 동의하지만 일부분의 주장만을 비판적으로 발전시키는 관계인지 등을 파악해야 하는 질문을 할 수도 있다.

▌ 주제·구조·관점 파악 유형의 문항을 능숙하게 해결하는 능력을 갖추기 위해서는 무엇보다도 능동적으로 글을 읽는 습관을 길러야 한다. 능동적으로 글을 읽는다는 것은 단순히 글쓴이가 말하는 바를 따라가며 읽는 것이 아니라 글쓴이가 다루는 문제의식에 공감하면서 글쓴이와 함께 문제를 해결하겠다는 자세로 글을 읽는 것을 말한다. 능동적 독자는 스스로 질문을 제기하고 그 질문에 집중하면서 글을 읽을 뿐만 아니라 글이 무엇을 어떻게 말할지 예측하면서 읽는다. 능동적 독자는 글을 읽으면서 글의 주요 내용에 자신만의 기호로 표시를 하고, 중요한 질문이나 내용을 메모하며 읽는 습관을 갖는다. 능동적 독자는 글을 읽고 나서 글의 주제, 중심 생각, 뒷받침 내용, 글의 전개 방식 등에 대해서 스스로 질문을 제기하고, 그에 대한 분명하고 정확한 답변을 간결한 문장 형식으로 진술하는 방식으로 글의 내용을 정리한다. 이러한 독해 훈련을 거친 수험생은 주제·구조·관점 파악 유형의 문항을 능숙하게 해결할 수 있을 것이다.

다음 글을 읽고 물음에 답하시오.

헤겔에게서 '낭만'은 일차적으로는 예술의 형식과 역사 및 장르를 유형학적으로 단계화하는 미학적 맥락에서 등장하지만, 그 실질적 내용 면에서는 그의 정신철학 전체의 핵심을 적확하게 드러내는 개념이라 할 수 있다. 이 개념은 그 명칭이 주는 익숙함으로 인해 종종 오해를 불러일으킨다. 따라서 정확한 이해를 위해서는 이 개념을 '낭만적인 것'이라는 범주로 좀 더 엄밀하게 규정하고, 이것이 특히 예술적 내지 사상적 노선으로 공인된 '낭만주의'와 어떤 관계를 지니는지를 밝혀야 한다. 주목할 것은, '낭만적인 것'이 일차적으로 그 단어적 인접성에서 보이듯이 낭만주의를 하나의 하위범주로 포괄하지만, 궁극적으로는 낭만주의와 대립 관계를 보이기까지 한다는 점이다.

이성주의의 가장 강한 형태의 판본을 구축하려는 헤겔의 관점에서 볼 때 무한한 상상력과 감수성이 핵심인 낭만주의는 응당 극복되어야 할 전형적인 지적 미성숙의 상태이다. 그런데 흥미롭게도 그는 인간 지성이 정점에 이른 단계에 대해서도, 즉 엄밀한 개념에 의거하여 최고도의 사유를 수행하는 사변적 이성 및 그러한 이성의 활동장인 철학까지도 종종 '낭만적'이라고 부를 뿐 아니라, 사변적 이성과 철학을 가장 완전한 의미에서 '낭만적인 것'이라고 평가한다. '낭만적인 것'의 정점은 낭만주의의 대척인 이성적 사변인 반면, 낭만주의는 그 명칭이 무색하게 오히려 '낭만적인 것'의 저급한 미완 단계로 평가되는 것이다.

이러한 착종된 용어법을 이해하기 위해서는 그가 몇몇 지점에서 '낭만적인 것'을 '기독교적인 것'과 같은 의미로 사용하고 있다는 점에 유의해야 한다. '낭만적인 것'과 낭만주의의 관계에서와 유사하게, '기독교적인 것'은 비록 언어적으로 종교적 색채를 풍기기는 하지만, 제도화된 신앙 및 교리 체계로서의 기독교를 넘어서는 정신철학적 범주이다. 그에 따르면 정신의 가장 저급한 단계는 객체에 대한 주체의 의존성이 가장 지배적인 감각적 지각의 단계이며, 가장 고급한 단계는 그러한 대상 의존성을 완전히 극복한 정신적 주체의 순수하고 내면적인 재귀적 작동인 '반성', 즉 이성적 사유이다. 이는 절대자, 곧 '신'이 어떤 인격체가 아니라 세계의 근본적 존재 구조 내지 원리로서의 '이성'이라고 보는 그의 절대적 관념론에 의거한다. 절대자 그 자체가 완전한 이성적 구조, 즉 개념의 엄밀하고도 완전한 자기 운동 체계이므로, 그것에 호응하는 인간 지성의 형식 역시 개념적 사유 능력인 이성이어야 한다는 것이다. 여기서 '기독교적인 것'이란, 어떤 물리적 대상을 매개로 절대자와 만나려는 원시적 지성성을 극복하여 순수한 내면적 정신성을 성취하는 지성의 단계를 통칭한다. 따라서 가장 완전한 의미에서 '기독교적인 것'은 순수한 개념적 반성을 통해 진리를 인식하는 철학에서 달성된다. 반면 기독교는 자연적 대상의 숭배 또는 매개를 넘어섰다는 점에서 '기독교적인 것'이기는 하지만, 개념적 반성을 필요 조건으로 하는 지성의 완전한 순수 내면성에는 미치지 못하기에, '기독교적인 것'의 불완전한 단계로 평가된다. 이상을 근거로 할 때 '기독교적인 것'은 '내면적 지성성'으로 바꾸어 부를 때 그 본질적 의미가 제대로 드러난다. 내면적 지성성에는 여러 단계가 있고 그 완전한 단계는 개념적 사유를 통한 철학인 한에서, '기독교적인 것'은 '기독교'와 단순 등치될 수 없는 것이다.

'기독교적인 것'을 이렇게 이해할 때 '낭만적인 것'과 낭만주의의 관계가 밝혀진다. 감성과 상상력의 무제한적 발산, 즉 '가슴속의 모든 것을 표출할 수 있는 자유'를 지향하는 낭만주의가 주어진 경험 세계를 넘어서는 지적 주체의 내면적 작동을 중심 원리로 하는 것은 분명하기에 낭만주의는 의심할 바 없이 '낭만적인 것'의 하나이다. 그러나 낭만주의가 달성하는 정신의 내면성은 개념적 반성성에 의거한 철학적 사유의 내면성에는 아직 이르지 못한 열등한 것이며, 이에 낭만주의는 '낭만적인 것'의 완전한 전형이 될 수 없다. 진정으로 '낭만적인 것'은 철학적 사유에서 비로소 성취된다.

▶ 헤겔의 관점을 이해한 것으로 가장 적절한 것은?

① '낭만주의'와 '기독교'는 서로 바꾸어 쓸 수 있는 동의어이다.
② '기독교'는 정신적 작동 방식의 측면에서 '낭만적인 것'에 속한다.
③ '낭만주의'와 '기독교'는 모두 완전한 형태의 내면적 지성성을 획득한다.
④ 최고도의 '기독교적인 것'은 예술사조로서의 '낭만주의'를 통해 성취된다.
⑤ '낭만적인 것'과 '기독교적인 것'은 모든 단계에서 순수한 개념적 반성을 통해 수행된다.

다음 글을 읽고 물음에 답하시오.

　파시즘을 규정하기란 쉽지 않다. 본디 파시즘은 1919년에서 1945년까지 무솔리니가 이끈 정치 운동, 체제, 이념만을 지칭하는 용어였다. 그러나 얼마 후 히틀러의 나치즘 역시 파시즘의 하나로 취급되었고, 점차 그 용어가 가리키는 대상도 다양해져 갔다. 이에 따라 파시즘에 대한 해석 및 정의는 용어의 대상만큼이나 넓은 스펙트럼을 가지게 되었다.

　비교적 일찍 나타난 것은 기본적으로 계급투쟁 개념에 바탕을 둔 마르크스주의적 해석인데, 대표적인 것은 '코민테른 테제'이다. 이에 따르면, 파시즘이란 "금융 자본의 가장 반동적이고 국수주의적이며 제국주의적인 분파의 공공연한 테러 독재"이다. 즉, 파시즘이 자본주의의 도구이며, 대자본의 대리인이라고 파악한 것이다. 하지만 모든 마르크스주의자들이 이 해석을 받아들인 것은 아니다. 톨리아티는 파시즘이 소부르주아적 성격의 '대중적' 기반 위에 있었다고 파악했으며, 나아가 탈하이머와 바이다는 파시즘이 계급으로부터 상대적으로 자유로운 현상이라고 보았다. 그들에 따르면, 자본과 노동이 대립하면서 어느 한쪽이 절대 우위를 갖추지 못하면 제3의 세력이 등장하는데, 파시즘이 그 예라는 것이다. 이러한 마르크스주의적 해석에 대해 오늘날의 연구는 대체로 파시즘과 거대 자본 사이의 조화와 협력보다는 긴장과 갈등 국면을 강조한다. 또한 코민테른 테제는 지나친 단순화의 산물이라는 비판도 제기되었다.

　한편 2차 대전 이후에는 냉전의 분위기 속에서 이탈리아의 파시즘, 독일의 나치즘, 소련의 스탈린주의를 뭉뚱그려 전체주의로 범주화하는 경향이 나타났다. 이 경향을 '전체주의 이론'으로 칭할 수 있는데, 이 이론은 전체주의의 특징을 메시아 이데올로기, 유일 정당, 비밀경찰의 테러, 대중 매체의 독점, 무력 장악, 경제의 통제로 꼽았다. 이는 전체주의를 '문제화'하고 그 위험성을 경고했다는 점에서는 의미가 있었으나, 파시즘과 스탈린주의는 전혀 다른 계급적 토대 위에서 서로 다른 목표를 추구하므로 동일한 범주로 묶일 수 없다는 비판이 제기되었다.

　이와 같은 연구사적 전통 속에서 1970년대 이후에는 파시즘을 아예 개별적 사례로만 미시적으로 연구하는 경향이 나타났다. 그러다가 1990년대 말, ㉠그리핀이 새로운 시각에서 일반화된 개념을 제시하여 각국의 유사한 사례들에 적용할 수 있게 했다. 그에 따르면, 파시즘은 근대적 대중 정치의 한 부류로서, 특정한 민족 혹은 종족공동체의 정치 문화와 사회 문화에 대한 혁명적인 변화를 목적으로 삼는다. 그리고 '신화'를 수단으로 삼아 내적 응집력과 대중의 지지라는 추동력을 얻어낸다. 그 '신화'란 자유주의 몰락 이후의 질서라는 고난 속에서 쇠퇴의 위기에 처한 민족공동체가 새로운 엘리트의 지도 아래 부활한다는 것이다. 파시스트는 이 신화의 틀 내에서 민족공동체의 구성원을 적대적인 세력과 구분하고, 후자에 대해 폭력을 행사하는 것을 의무로 믿었다. 그들에게 폭력은 곧 죽어가는 민족의 '치유'였기 때문이다. 그러나 '치유'만으로는 부족했고, 신화가 실현되기 위해서는 구성원이 오직 역동성과 민족에 대한 헌신으로만 무장한 '파시즘적 인간'으로 거듭 나는 것이 필요했다. 그는 또 신화의 궁극적인 실현, 즉 '민족의 유토피아'를 건설하기 위해 자본주의 경제 질서를 수용하고 과학 문명의 성과를 환영하는 근대적 성격을 보여준 것에 주목하여 파시즘을 일종의 '근대적 혁명'이라고 보았다.

물론 그리핀의 주장에 동의하지 않는 연구자들도 있다. 예를 들어 ⓒ팩스턴은 파시즘이 근대적 혁명이라는 주장을 거부하면서, 파시즘을 전통적인 권위주의적 독재의 변종으로 규정한다. 그는 혁명으로 보이는 파시즘이 실은 기성 제도 및 전통적 엘리트 계층과 연합했다는 점을 중시하기 때문이다. 그는 '이중 국가' 개념을 파시즘 체제 분석에 적용시켰다. '이중 국가'는 합법성에 따라 관료적으로 움직이는 '표준 국가'가 당의 '동형 기구'로 만들어진 독단적 '특권 국가'와 갈등을 빚으면서도 협력 속에 공존한다는 개념이다. 이탈리아의 경우, 당 지부장은 임명직 시장에, 당 서기는 지사에, 파시스트 민병대는 군대에 해당했다. 팩스턴에 따르면, 파시즘 정권은 형식적 관료주의와 독단적 폭력이 혼합된 기묘한 형태였다. 세부적 차이가 있다면, 특권 국가가 결국 우위를 점한 나치와 달리 무솔리니는 표준 국가의 영역에 더 큰 권력을 허용하였다는 점이다. 최종적으로 1943년 7월 연합국의 진격으로 파시즘이 국가 이익에 더는 부합하지 않는다고 판단한 표준 국가는 '지도자' 무솔리니를 권좌에서 끌어내렸다.

▶ ㉠과 ㉡에 대한 설명으로 적절하지 <u>않은</u> 것은?

① ㉠은 파시즘의 최종 목표가 '파시즘적 인간'을 완성해 내는 것이고, 폭력의 사용 및 자본과의 협력은 이를 위한 도구였다고 보았다.

② ㉠은 파시즘이 역사적 상황의 변화로 인해 맞이한 민족적 고난을 지도적 엘리트에 의해 극복한다는 '신화'를 세력의 단결과 체제 유지의 수단으로 삼았다고 보았다.

③ ㉡은 독일 나치즘에서는 독단적 폭력이, 이탈리아 파시즘에서는 형식적 관료주의가 두드러졌다고 보았다.

④ ㉡은 파시즘 치하에서 이중적 권력 기구가 갈등 속에서도 병존하는 현상을 권위주의적 독재에서 파생한 것이라고 파악하였다.

⑤ ㉠은 파시즘에서 나타난 근대적 성격에 주목하여 혁명적 성격을 가졌다고 파악했고, ㉡은 기득권층과의 연합에 주목하여 혁명적 성격을 가지지 않았다고 파악했다.

다음 글을 읽고 물음에 답하시오.

인조의 비(妃) 인열왕후가 낳은 첫째 아들이 소현세자요, 효종이 둘째 아들이다. 적자(嫡子)로서 종통(宗統)을 잇는 맏아들이 장자(長子)이니 효종은 차자여서 차장자(次長子)라고들 한다. 장자였던 소현세자가 갑자기 죽자, 인조는 중자(衆子) 가운데 어진 이를 택하고자 효종을 세자로 세웠으니, 그 신성함과 자식을 알아보는 밝음은 종묘사직이 억만 년 무궁하게 이어갈 터를 이룬 것이다. 그리하지 않았다면 어찌 이 나라가 오늘날 안팎으로 우환이 없고 위아래로 편안할 수 있겠는가. 더구나 신성한 왕손들이 보위를 계승하여 찬란한 광채가 이처럼 성대할 수 있겠는가.

효종이 세상을 떠나니 당시 대왕대비인 인조의 계비(繼妃) 자의대비는 어머니로서의 상복을 입어야 했다. 이에 논자들은 저마다 주장을 펼치며 치열하게 다투었다. 갑설은 "차장자라 함은, 비록 애초에는 장자가 아니었으나 장자의 죽음으로 말미암아 차자가 후사를 이어 장자가 됨으로써 그 명칭이 붙은 것이니, 삼년복(三年服)을 입어야 한다."라고 하였다. 을설은 "차장자가 중자라는 사실은 어쩔 수 없으니, 비록 장자가 죽어 차자가 후사를 이은 것이라 해도 원래 장자가 아니므로, 중자의 기년복(朞年服)을 입어야 한다."라고 하였다. 이처럼 하나의 설을 같이하면서 특별히 복제에서만 두 설로 갈라져 시끄러이 다투며 서로 끊임없이 배척하니 내 생각으로는 사뭇 괴이하다.

복(服)을 올리고 내리고가 어찌 종통에 영향이 있겠는가. 효종은 인조의 차자로서 적통을 이어 만백성에 군림하고 온 세대에 종통을 드리웠으니, 효종을 인조의 장자라 한다고 해서 어찌 선왕의 빛을 더하겠으며, 효종을 인조의 중자라 한다고 해서 또 어찌 선왕의 덕이 바래겠는가. 지금은 그저 효종이 인조의 차자라는 이유로 이렇듯 어지러이 다투는 결론 없는 분쟁이 있는 것이다. 이미 대통(大統)을 이었으면 둘째 아들인지 넷째나 다섯째 아들인지는 전혀 구별할 것 없는 일이다.

옛날 한(漢)의 문제(文帝)는 궁 밖에서 미앙궁으로 들어가 제위(帝位)를 받았다. 이때 스스로가 "짐은 황제의 측실에서 난 아들이다."라고 말하였고, 가의(賈誼)가 문제에게 "참여시킬 만한 측실의 인맥이 있지 않다."라고 말한 적도 있다. 당시에는 위에서도 스스로 서자(庶子)였던 사실을 숨기지 않았고 아래에서도 임금을 위해 숨기려 하지 않았다. 하물며 문제는 그 후사가 수십 대에 이어졌고 당 태종처럼 지금까지도 성군으로 칭송되는데, 누가 그런 것을 문제 삼는가. 더욱이 우리 효종과 인조는 주(周)의 ㉠무왕과 문왕에 비견되는데, 무왕이 문왕의 장자가 아니라는 것은 어린아이들도 안다. 그리하여 후세 사람들은, 문왕은 자식을 가리는 밝음이 있고 무왕은 뜻을 잇는 효가 있어서 주나라 팔백 년을 여는 대업을 이루고 대통을 전하였다고 여긴다. 이런 일은 무왕과 달리 적자였던 백읍고가 이었으면 못 했을 것이라고 모두가 한결같이 말한다. 광명이 빛나고 만세를 비추는 이 사실은 어인 일이란 말인가.

무왕이 붕어하고 그 어머니인 태사가 아직 살아 있다고 가정할 때 무왕을 위해 상복을 꼭 3년 입었을지 2년도 안 입었을지는 아무도 모른다. 그러나 복을 입지 않았다고 해서 무왕을 깎아 먹겠으며 복을 입었다고 해서 그 빛을 더하겠는가. 당시에 종통이 불명하다 는 따위의 이야기가 있었을까. 똑똑한 사람은 판단할 수 있을 것이다. 무릇 인조가 효종 에게 물려주고 효종이 인조를 이은 것은 충분히 주나라 무왕과 문왕의 경우와 같으니, 복제가 오르고 내리거나 가볍고 무겁거나 하는 것은 무슨 상관이겠는가. 차장자도 장자 라는 이름이 붙으니 올려서 삼년복을 입어야 한다는 것도 하나의 주장이고, 차장자도 중 자일 수밖에 없으니 내려서 1년의 기년복을 입어야 한다는 것도 하나의 주장이다. 고례 (古禮)에도 그에 관한 정문(正文)이 없어서 주석들도 같고 다름이 있으니, 한때의 예(禮) 는 실정을 참작하여 정하면 된다. 갑설을 따라도 을설을 적용해도 되는 것이다.

복을 올리고 내리고가 종통이 밝아지고 않고에 관계된다고는 인정할 수 없다. 왜냐하 면 대왕대비가 기년복을 입어도 효종은 결국 인조의 종통을 이은 것이고, 대왕대비가 삼 년복을 입어도 효종은 역시 결국 인조의 종통을 이은 것이기 때문이다. 종통이 여기에 있는데 어디로 가겠는가. 위로 삼백 년의 터전을 이어받고 아래로 몇천 년의 토대를 전 할 명철한 일대 중흥 군주로 우뚝 섰으며 종묘가 인정하고 자손이 지키는데도, 복을 올 리고 내리는 것을 가지고 종통이 밝아지지 않는다고 간주하려는가. 그러니 오늘날 전례 (典禮)를 다투면서 종통이 뚜렷하지 못하다는 주장을 고집하는 것은 매우 어질지 못하 다. 그것은 또한 흥분하여 일부러 빌려 온 주장이다. 그것은 또한 공격을 위해 꾸어 온 명분이다. 그 마음이야말로 위태롭고 위험하도다.

– 박세당, 「예송변」–

▶ ㉠의 사례를 인용한 글쓴이의 의도로 볼 수 있는 것은?

① 국왕이 된 이상 장자의 지위는 자연스럽게 따라붙게 된다는 원리를 예를 들어 설 명한다.

② 무왕의 어머니인 태사의 복제를 따짐으로써 효종의 어머니가 입을 상복의 종류를 결정한다.

③ 효종을 주의 문왕에 견줌으로써 효종이 적자가 되어 적법하게 종통을 계승하였다 는 것을 밝힌다.

④ 인조가 밝은 덕으로 보위를 튼튼히 하고 후대에 이어가도록 한 것을 강조하여 종 통의 본질을 환기한다.

⑤ 차장자로서 종묘사직의 기초를 닦은 중국의 실례를 들어 국가의 종통을 확고히 해야 한다는 지향을 드러낸다.

다음 글을 읽고 물음에 답하시오.

판사에게 진솔함이 요구되는가 하는 문제가 논의되고 있다. 현대의 민주국가는 판사가 내리는 판결에 강제력을 부여하지만, 사법권의 행사에 민주적 통제가 미치도록 판결에 이유를 밝힐 것을 요구한다. 이때 판사는 판결의 핵심적인 근거에 관해 허위나 감춤 없이 자신이 믿는 바와 판단 과정을 분명히 드러내야 한다. 이에 대해서는 '반대론'이 있다. 법원은 사회적 갈등과 긴장의 해소를 임무로 하므로 사형이나 낙태 문제와 같이 논란이 큰 사안을 다룰 때는 판사들의 의견이 일치된 것처럼 보이는 편이 바람직하며, 필요하면 내심의 근거와 다른 것을 판결 이유로 들거나 모호하게 핵심을 회피하는 편이 낫다는 견해가 대표적이다. 이런 반대론은 시민들이 진실을 다룰 능력이 부족하다고 전제하고 있어 민주주의 원리에 반하므로 동의하기 어렵다. 다만 판사도 거짓말을 선택해야 할 예외 상황이 존재한다는 주장은 검토해 볼 만하다.

법과 양심에 따라 재판해야 하는 판사에게 양심은 곧 법적 양심을 의미하므로 법과 양심이 충돌할 일은 거의 없다. 하지만 노예제도가 인정되던 시절에 노예제를 허용하지 않는 주(州)로 탈출한 노예에 대해 소유주가 소유권을 주장하는 것처럼 법적 권리와 도덕적 권리가 충돌할 뿐 아니라 법적 결론이 지극히 부정의한 결과를 초래하는 상황에서는 사정이 다르다. 이런 사안에서는 법적 권리를 무효로 할 근거는 찾기 어렵고, 그렇다고 법을 그대로 적용하는 것은 도덕적으로 옳지 않다. 판사는 도덕적 양심에 반해 법률을 적용하거나 도덕적 양심을 우선해 법률을 적용하지 않을 수 있을 것이다. 그러나 전자는 판사의 양심을 부정하고, 후자는 판사의 직업상 의무를 위반한다. 사임하는 것은 누구에게도 도움이 되지 않으므로 도덕적 권리를 지지하는 판사에게 남은 선택은 그 법적 권리를 자신이 믿는 바와 다르게 당사자에게 표명하는 것밖에 없다. 즉, 판사는 법적으로 인정되는 권리임을 부인할 수 없음에도 다른 합법적인 법해석을 만들어내고는 그런 법해석의 결과로 법적 권리가 부정되는 것처럼 판결함으로써 은밀하게 곤경에서 벗어나는 것이다.

하지만 이런 논의가 판사의 진솔 의무를 부정하지는 못한다. 오늘날 법과 도덕의 극단적인 괴리 현상은 드물며, 진실을 분별하고 지지하는 민주사회라면 판사가 묘책을 찾아야 하는 상황을 만들어내지 않을 것이다. 하지만 법-도덕의 딜레마와 진솔 의무는 노예제와 함께 완전히 사라지지 않았다. 판사가 특정 법률에 도덕적 저항감을 느끼는 일은 현대에도 계속되고 있다. 여기서 판사의 선택은 정의와 민주주의, 사법의 정당성에 지속적으로 영향을 미친다.

진솔함의 중요성은 최근에는 다른 차원에서 제기되고 있다. 먼저 판사의 진솔함은 사법의 정당성을 수호하는 중요한 방책이 된다. 어떤 판사는 법이 모호하고 선례도 없어 판단이 매우 어려운 사안에서 창의적인 법해석을 한 경우에도 그런 사정을 감춘다. 이때 판사는 자신이 진정으로 믿는 법해석을 근거로 판결한 것이지만, 패소한 당사자를 설득하기 위해 판사들 사이의 상투적 표현법을 써서 이렇게 말하는 편이 더 좋다고 생각한다. "판사는 법을 만들지 않으며, 법을 발견하고, 법률을 기계적으로 적용할 뿐이다." 더 심각한 것은 판사가 법 외적인 사정에 무관심하고 오직 법의 문언에 충실한 결과인 듯 판결 이유를 제시하지만, 실제로는 어떤 결과를 도출할 것인지 먼저 선택한 다음에 자신이 선호하는 결과를 보장하는 해석론을 개발해 제시하는 경우이다. 이때도 판사는 으레 동일한 표현법을 활용한다.

하지만 이런 방편에는 큰 위험이 도사리고 있다. 판사의 거짓말은 국민을 자율적 판단 능력을 갖춘 시민으로 존중하지 않음을 의미하며, 사법적 판단 과정의 실상이 드러나는 순간 사법의 권위와 정당성은 실추될 것이다. 법원이 이런 위험에서 벗어나는 길은 진솔함으로 국민을 대하는 것이다. 이런 인식을 바탕으로 법-도덕 딜레마 상황에서 거짓이 정당화된다는 견해도 재검토되고 있다. 거짓으로 이룰 수 있는 것은 진솔함으로도 이룰 수 있다.

▶ **윗글의 내용과 일치하지 않는 것은?**

① 판사의 진솔함은 법-도덕 딜레마와 민주주의를 서로 연결 짓는다.

② 판사의 진술 의무를 지지하는 견해는 판사가 판결에 이르는 과정에서 법 외적인 요소들을 고려하는 것을 허용한다.

③ 법-도덕 딜레마 상황에서 거짓말하기를 선택한 판사는 정의를 위해 행동하는 듯하지만, 사실은 법을 위해 법에 더 충실한 선택을 한다.

④ 판사의 진솔함이 사법의 정당성을 뒷받침한다는 견해에 의하면 법-도덕 딜레마 사안에서 판사는 더 이상 거짓말하기를 선택해서는 안 된다.

⑤ 판사가 판결 이유를 밝혀야 한다는 것과 판결 이유를 진솔하게 작성해야 한다는 것은 별개이지만 모두 민주주의 원리에서 공통의 근거를 찾을 수 있다.

다음 글을 읽고 물음에 답하시오.

평등은 자유와 더불어 근대 사회의 핵심 이념으로 자리 잡고 있다. 인간은 가령 인종이나 성별과 상관없이 누구나 평등하다고 생각한다. 모든 인간은 평등하다고 말하는데, 이 말은 무슨 뜻일까? 그리고 그 근거는 무엇인가? 일단 이 말을 모든 인간을 모든 측면에서 똑같이 대우하는 절대적 평등으로 생각하는 이는 없다. 인간은 저마다 다르게 가지고 태어난 능력과 소질을 똑같게 만들 수 없기 때문이다. 절대적 평등은 개인의 개성이나 자율성 등의 가치와 충돌하기도 한다.

평등에 대한 요구는 모든 불평등을 악으로 보는 것이 아니라 충분한 이유가 제시되지 않은 불평등을 제거하는 데 목표를 두고 있다. '이유 없는 차별 금지'라는 조건적 평등 원칙은 차별 대우를 할 때는 이유를 제시할 것을 요구하고 있다. 이것은 어떤 이유가 제시된다면 특정한 부류에 속하는 사람들에게는 평등한 대우를, 그 부류에 속하지 않는 사람들에게는 차별적 대우를 하는 것을 허용한다. 그렇다면 사람들을 특정한 부류로 구분하는 기준은 무엇인가? 이것은 바로 평등의 근거에 대한 물음이다.

근대의 여러 인권 선언에 나타난 평등 개념은 개인들 사이의 평등성을 타고난 자연적 권리로 간주하였다. 하지만 이러한 자연권 이론은 무엇이 자연적 권리이고 권리의 존재가 자명한 이유가 무엇인지 등의 문제에 부딪히게 된다. 그래서 롤스는 기존의 자연권 사상에 의존하지 않는 방식으로 인간 평등의 근거를 마련하려고 한다. 그는 어떤 규칙이 공평하고 일관되게 운영되며, 그 규칙에 따라 유사한 경우는 유사하게 취급된다면 형식적 정의는 실현된다고 본다. 하지만 롤스는 형식적 정의에 따라 규칙을 준수하는 것만으로는 정의를 담보할 수 없다고 생각한다. 그 규칙이 더 높은 도덕적 권위를 지닌 다른 이념과 충돌할 수 있기에, 실질적 정의가 보장되기 위해서는 규칙의 내용이 중요한 것이다.

롤스는 인간 평등의 근거를 설명하면서 영역 성질(range property) 개념을 도입한다. 예를 들어 어떤 원의 내부에 있는 점들은 그 위치가 서로 다르지만 원의 내부에 있다는 점에서 동일한 영역 성질을 갖는다. 반면에 원의 내부에 있는 점과 원의 외부에 있는 점은 원의 경계선을 기준으로 서로 다른 영역 성질을 갖는다. 그는 평등한 대우를 받기 위한 영역 성질로서 '도덕적 인격'을 제시한다. 도덕적 인격이란 도덕적 호소가 가능하고 그런 호소에 관심을 기울이는 능력이 있다는 것인데, 이 능력을 최소치만 갖고 있다면 평등한 대우에 대한 권한을 갖게 된다. 도덕적 인격이라고 해서 도덕적으로 훌륭하다는 뜻이 아니라 도덕과 무관하다는 말과 대비되는 뜻으로 쓰고 있다. 그런데 어린 아이는 인격체로서의 최소한의 기준을 충족하고 있는지가 논란이 될 수 있다. 이에 대해 롤스는 도덕적 인격을 규정하는 최소한의 요구 조건은 잠재적 능력이지 그것의 실현 여부가 아니기에 어린 아이도 평등한 존재라고 말한다.

싱어는 위와 같은 롤스의 시도를 비판한다. 도덕에 대한 민감성의 수준은 사람에 따라 다르다. 그래서 도덕적 인격의 능력이 그렇게 중요하다면 그것을 갖춘 정도에 따라 도덕적 위계를 다르게 하지 말아야 할 이유가 분명하지 않다고 말한다. 그리고 평등한 권리를 갖는 존재가 되기 위한 최소한의 경계선을 어디에 그어야 하는지도 문제로 남는다고 본다. 한편 롤스에서는 도덕적인 능력을 태어날 때부터 가지고 있지 않거나 영구적으로 상실한 사람은 도덕적 지위를 가지고 있지 못하게 되는데, 이는 통상적인 평등 개념과 어긋난다. 그래서 싱어는 평등의 근거로 '이익 평등 고려의 원칙'을 내세운다. 그에 따르면 어떤 존재가 이익, 즉 이해관계를 갖기 위해서는 기본적으로 고통과 쾌락을 느낄 수 있는 능력을 갖고 있어야 한다. 그리고 그 능력을 가진 존재는 이해관계를 가진 존재이기 때문에 평등한 도덕적 고려의 대상이 된다. 이때 이해관계가 강한 존재를 더 대우하는 것이 가능하다. 반면에 그 능력을 갖지 못한 존재는 아무런 선호나 이익도 갖지 않기 때문에 평등한 도덕적 고려의 대상이 되지 않는다.

▶ '평등'을 설명한 것으로 가장 적절한 것은?

① 형식적 정의에서는 차별적 대우가 허용되지 않는다.
② 조건적 평등과 달리 절대적 평등은 결과적인 평등을 가져온다.
③ 불평등은 충분한 이유가 있더라도 평등의 이념에 부합하지 않는다.
④ 규칙에 따라 유사한 경우는 유사하게 취급해도 결과는 불평등할 수 있다.
⑤ 인간의 능력은 절대적으로 평등하게 만들 수 있지만 자율성에 어긋날 수 있다.

다음 글을 읽고 물음에 답하시오.

채만식의 소설 「탁류」는 1935년에서 1937년에 이르는 2년간의 이야기로, 궁핍화가 극에 달해 연명에 관심을 가질 수밖에 없었던 조선인의 현실을 중요한 문제로 삼은 작품이다. 그런데 채만식이 「탁류」에서 현실을 대하는 태도에는 식민지 근대화 과정에 대한 작가의 민감한 시선이 들어 있었다. 그는 전 지구적 자본주의 시스템과 토착적 시스템의 갈등에 의해서 만들어진, 게다가 식민지적 상황 때문에 더욱더 굴곡진 수많은 우여곡절에 주목하였다. 채만식의 민감한 시선은 「탁류」에서 집중적으로 그려진 '초봉'의 몰락 과정에서도 구체적으로 드러난다. 그것은 인간과 사물을 환금의 가능성으로만 파악하는 자본주의의 기제가 인간의 순수한 영혼을 잠식해 들어가고, 그러면서 그 이윤 추구의 원리를 확대 재생산하는 과정을 보여 준다.

소설의 앞부분에서 초봉은 경제적 어려움에 시달리는 가족을 위해서라면 자기희생을 마다하지 않는 순수한 영혼의 소유자로 등장한다. 태수는 그런 초봉에게 끊임없이 베풀면서 초봉을 그녀의 고유한 영토로부터 끌어낸다. 그런 베풂을 순수 증여라고 해도 될까. 아니, 꽤나 검은 의도를 숨기고 행한 증여이니 그것은 사악한 증여라고 해야 할 터이다. 하여간 태수는 끊임없이 증여하고 선물하면서 초봉의 고유한 모럴, 그러니까 노동을 통해 조금씩 무언가를 축적해 가는 삶의 방식을 회의에 빠뜨린다. 그리고 그 증여 행위를 집요하게 반복함으로써 초봉의 호의적인 시선을 얻어낸다. 하지만 그 순간이란 하나의 변곡점과도 같은 것이었다. 그때부터 그는 초봉에게 증여한 것의 대가로 무언가를 요구함으로써 초봉을 타락한 교환가치의 세계 속으로 끌어들인다.

초봉이 교환의 정치경제학에 익숙해질 무렵, 제호가 초봉에게 접근한다. 제호는 객관적인 지표를 가지고 초봉의 육체를 돈으로 측량하고 그와의 거래를 제안한다. 초봉 또한 제호가 자신의 상품성을 그만치 높게 봐 주자 이 거래를 흔쾌하게 받아들인다. 비록 그 교환이 서로 간의 의지가 관철된 것이었어도 이 거래 이후로 초봉은 상품으로 전락하게 된다. 그리고 그런 초봉에게 형보가 나타나 초봉과 송희 모녀의 호강을 구실로 가학성을 노골적으로 드러내면서 잉여의 성적 착취를 반복한다. 형보는 이 타락한 사회에 동화된 초봉이 어떠한 고통을 겪게 될지라도 이 세계 바깥으로 나갈 용기를 낼 수 없을 것이라고 확신하고 있었기에 초봉의 거부감을 아랑곳하지 않았다.

'초봉의 몰락'은 이렇듯 초봉이 교환의 정치경제학을 자기화함으로써 영혼이 없는 자동인형으로 전락하는 것으로 귀결되었다. 그리고 그 과정에서 초봉은 아버지 정주사가 미두*로 일확천금을 꿈꾸듯 자신의 인격을 버리고 스스로를 상품으로 만들어 나갔다. 자신에 대한 착취에 강렬한 거부감을 가지기도 하였지만 결국에는 모든 것을 상품화하는, 특히 여성의 몸을 상품화하는 자본주의 기제의 노회함과 집요함 앞에 굴복하고 말았다. 그렇다면 「탁류」에는 추악한 세상의 탁류에서 벗어날 가능성이 전혀 없는 것일까? 채만식은 「탁류」에서 그 특유의 냉정한 태도로 한편으로는 부정적인 삶의 양태들을 냉소하고 풍자하는가 하면, 다른 한편으로는 보다 의미 있는 삶의 형식 혹은 보다 나은 미래를 가능케 할 잠재적 가능성이나 가치들을 끈질기게 탐색해 내었다.

"위험이 있는 곳에 구원의 힘도 함께 자란다."라는 횔덜린의 말을 좀 뒤집어 말하자면, 「탁류」가 세상을 위험이 가득한 곳으로 묘사할 수 있었던 것은 아마도 그 위험 속에 같이 자라는 구원의 힘을 어느 정도 감지했기 때문이리라. 그 구원의 가능성은 소설의 결말 부분에서 초봉이 형보를 죽였다는 점으로만 한정되지는 않는다. 「탁류」에는 개념의 위계를 갖춰 계기가 제시되는 것은 아니나 타락한 교환의 질서 바깥으로 나갈 수 있는 여러 계기들이 곳곳에 흩어져 있다. 딸 송희를 낳으면서 초봉이 어머니 마음을 갖게 되는 것도, 자유주의자이자 냉소주의자인 계봉이 일하는 만큼의 대가를 얻어야 한다는 철칙을 지니고 살아가는 것도, 승재가 남에게 그저 베풀려고 하는 것도 모두 그에 해당하는 것들이다. 이것들 중에서도 초봉과 승재의 삶에서 드러나는 증여의 삶은 「탁류」가 타락한 세계를 넘어설 수 있는 길로 제시하는 것이며, 이를 우리는 '증여의 윤리'라고 부를 수 있을 터이다.

*미두(米豆) : 미곡의 시세를 이용하여 약속으로만 거래하는 일종의 투기 행위

▶ 윗글에 대한 설명으로 가장 적절한 것은?

① 시대의 특수성을 고려하여 삶의 양태에 대한 소설가의 비판적 인식을 추적한다.
② 인물의 내면 심리에 대한 세밀한 분석을 통해 소설가의 내면 심리를 천착한다.
③ 궁핍으로 인한 연명의 문제보다 윤리의 문제를 중시한 소설가의 인식을 비판한다.
④ 인간의 존재론적 모순에 대한 소설가의 염세적 시선에 주목하여 삶의 의미를 반추한다.
⑤ 현실을 대하는 소설가의 이중적 태도를 인물들이 표방하는 이념의 분석을 통해 통찰한다.

2. 정보의 확인과 재구성

언어이해 영역에서는 글을 전체적으로 읽는 능력과 더불어 글을 세부적으로 읽는 능력도 측정한다. 글을 세부적으로 읽는 능력을 측정하기 위한 유형은 크게 정보의 확인과 재구성, 정보의 추론과 해석, 정보의 평가와 적용으로 나뉜다. 정보의 확인과 재구성 유형은 기본적으로 제시문의 내용을 세밀하면서도 정확하게 읽는 능력을 측정하고자 한다. 즉, 이 유형은 제시문에 명시적으로 나타난 정보를 있는 그대로 파악하여 자신의 언어로 내용의 왜곡 없이 표현하거나 목적이나 의도에 맞게 정보를 추출하여 다른 사람이 알기 쉽도록 표현할 수 있는지를 묻는다. 구체적으로 이 유형은 제시문에 나타난 정보나 정보 간의 관계를 있는 그대로 파악하여 표현을 바꾸어 서술하기, 제시문에 나타나는 정보를 목적이나 의도에 맞게 추출 및 재구성하기, 표·차트·다이어그램·그림 등의 시각화 도구에 나타나는 정보를 제시문의 설명을 활용하여 분석·해석·설명하기 및 표·차트·다이어그램·그림 등의 시각화 도구 등을 활용하여 재구성 내지 재조직화하기, 형식적이거나 내용적인 유사점이나 차이점을 비교하기 등의 문항으로 구성된다.

1) 제시문의 정보를 있는 그대로 파악하여 표현을 바꾸어 서술하기

언어이해 영역에서는 제시문을 정확하게 읽는 능력을 최우선적으로 평가하고자 한다. 따라서 수험생은 무엇보다도 제시문의 정보를 있는 그대로 정확하게 파악할 수 있어야 한다. 다시 말해 수험생은 제시문이 전체적으로 말하고 있는 내용뿐만 아니라 세부적이고 구체적인 내용도 정확하게 파악하여야 한다.

수험생은 주요 내용을 포함하여 주요하고 중요한 세부 내용을 빠짐없이 정확하게 파악하기 위해서는 자기 나름대로의 글 읽기 기술을 기를 필요가 있다. 예컨대 수험생은 제시문에 나타난 접속사를 포함한 여러 가지 기능적 장치에 유의하면서 글의 흐름을 파악하거나, 자신만의 기호나 표식을 활용하여 글의 중심생각, 주제어, 주요 핵심 정보, 질문과 관련된 정보나 단서를 표시하면서 글을 읽을 수 있다. 또한 글의 전체 구조나 전개 방식을 일목요연하게 파악할 수 있는 그림이나 일종의 글 지도를 만들면서 글을 읽고 정리할 수 있을 것이다. 수험생은 이러한 자신만의 독해 기술을 개발하고 익힘으로써 정보의 확인과 재구성 유형 문항의 대비에 만전을 기할 수 있을 것이다.

한편 이러한 유형의 문항에 나타나는 선택지는 제시문의 정보를 표현 그대로 따오는 경우가 드물다는 점을 감안할 때, 수험생은 제시문의 내용을 자신의 언어로 바꾸되 왜곡 없이 정확하게 서술하는 연습을 할 필요가 있다. 문항으로 주어진 것 외에도 제시문의 주제, 제재와 관련된 구체적인 질문을 스스로 던져 봄으로써 제시문의 정보를 활용하여 답변하는 훈련을 할 수 있을 것이며, 이러한 훈련을 통해서 제시문의 내용을 한층 정확하게 그리고 풍부하게 파악할 수 있을 것이다. 이것은 능동적으로 글을 읽는 방법 중 하나이다.

2) 시각화 도구에 나타난 정보를 제시문의 설명을 활용하여 분석하기

언어이해 영역에서는 표 · 차트 · 다이어그램 · 그림 등을 통해 시각적으로 정보를 전달하는 경우가 종종 있다. 예를 들어, 한 인구 집단의 소집단별 비율을 나타내는 차트, 연도에 따른 이혼 건수의 증가를 나타내는 선그래프, 다양한 소집단별 저축률의 차이를 나타내는 막대그래프, 두뇌에서 시각적 정보를 처리하는 심리적 과정을 일목요연하게 표현하는 플로 차트, 한 식물군에 속한 상이한 표본의 계절별 · 물질별 분자량을 나타낸 표 등이 제시문이나 〈보기〉에 포함될 수 있다. 많은 경우 언어이해 영역에서는 명시적 진술을 통해 이러한 자료를 분석하거나 해석하는 요령을 상세하게 알려 준다. 그렇지만 상식적인 수준에서 충분히 그 정보를 읽어 낼 수 있는 자료에 대해서는 자세한 설명을 생략할 수도 있으며, 이 자료를 분석 · 해석 · 설명할 수 있는지 묻기 위해서 의도적으로 구체적인 설명을 생략할 수도 있다. 따라서 수험생은 시각적 자료를 분석 · 해석 · 설명하는 기본적 능력을 익혀 둔다면 언어이해 영역의 제시문을 더욱 효과적으로 읽을 수 있을 것이며, 이들 자료를 분석 · 해석 · 설명할 것을 요구하는 문항에 대해서도 만전의 준비를 할 수 있을 것이다.

다음 글을 읽고 물음에 답하시오.

　　부부가 이혼할 때 한쪽이 양육친으로서 미성년 자녀에 대한 양육권을 행사하면 다른 쪽은 비양육친으로서 면접교섭권을 가진다. 양육권자는 합의로 정하며 합의가 되지 않은 때에는 법원의 재판으로 정한다. 부부의 국적이 다른 경우, 이 재판은 자녀가 생활하던 나라의 법원에서 진행되고, 대개 그 나라 국민인 사람이 양육친으로 지정된다. 자녀가 원래 살던 나라에서 그대로 살 수 있게해 주는 것이 '자녀의 복리 원칙'에 부합하기 때문이다.

　　비양육친은 양육권을 가져오기 위해 자녀를 데리고 다른 나라에 가서 다시 재판을 받으려 할 수 있다. 이런 상황에 대처하기 위해 국제 협약이 마련되었다. 이 협약은 양육친과 비양육친의 국적이 같은 경우나 비양육친이 자신의 본국 아닌 제3국으로 자녀를 데려간 경우에도 적용되는데, 자녀의 생활환경 급변을 방지하는 한편 비양육친이 유리한 재판을 받을 때까지 자녀를 데리고 국제적 이동을 반복하는 것을 억제하기 위해서이다.

　　협약은 16세 미만인 자녀에 대한 위법한 국제적 이동이 발생한 경우에 자녀를 신속하게 반환시키는 것을 목적으로 한다. 양육친의 의사에 반해 자녀를 다른 나라로 이동시키면 양육권을 침해하여 위법한 행위가 된다. 비양육친이 양육친의 동의하에 귀국을 전제로 자녀를 국제적으로 이동시킨 후 자녀를 반환하기를 거부하는 경우 위법성이 인정된다. 이 협약에 특유한 전담기관 제도와 반환재판 제도가 모두 효과적으로 작동하므로 이 협약은 성공적으로 운영되고 있다고 평가된다. 다만 양육친과 비양육친의 본국이 모두 협약 가입국이어야만 적용되며, 면접교섭권이 침해되는 경우에는 전담기관의 지원을 받을 수 있을 뿐 그 구제를 위한 재판제도를 두지 않았다는 한계가 있다.

　　위법한 국제적 이동이 발생한 경우, 자녀를 반환시키려면 양육친은 재판에서 승소하여 강제집행 절차까지 마쳐야 한다. 양육친이 외국에서 이 절차를 진행하는 데 곤란을 겪을 경우, 전담기관의 지원을 받을 수 있다. 협약 가입국은 하나 이상의 전담기관을 지정해야 한다. 전담기관은 자녀의 소재 탐지, 반환재판 진행, 승소 후의 강제집행 절차에 이르는 전반적인 과정에서 양육친을 지원한다. 또한 양육친과 비양육친이 합의로 자녀의 반환 방법을 결정하도록 주선하고, 합의가 성립하면 그 실행을 지원한다. 협약에는 가입국들의 전담기관들 간 공조 체계도 마련되어 있어서 양육친은 자국 전담기관을 매개로 비양육친과 자녀가 머무는 외국의 전담기관의 지원을 받거나 외국 전담기관에 직접 지원을 신청할 수 있다. 물론 직접 외국의 법원에 반환재판을 청구할 수도 있다.

　　협약에 따르면, 자녀에 대한 위법한 국제적 이동 사실이 인정되면 법원은 자녀를 돌려보내도록 결정한다. 이때 부모 중 누가 양육권자로서 더 적합한지는 판단하지 못하도록 하고 있다. 이는 반환재판의 지연을 방지하고 자녀가 원래 살던 나라에서 양육권자를 정하는 재판을 하도록 하기 위해서이다. 다만 반환 예외 사유가 인정되면 법원은 반환청구를 받아들이지 않을 수 있다. 자녀가 1년 이상 체류 중인 나라에서의 생활에 적응한 경우나 자녀에게 위해가 발생할 중대한 위험이 있는 경우가 그 예이다. 위해에는 신체적 위해뿐 아니라 정신적 위해도 포함되므로 양육친이 비양육친에게만 폭력을 행사해도 자녀에게 정신적 위해가 발생한다고 볼 수 있다.

　반환재판 사례가 축적되면서 협약 제정 당시 예상하지 못했던 현상이 나타났다. 비양육친이 양육친의 가정폭력으로 인해 양육친 몰래 자녀를 데리고 외국으로 도피하는 사례가 많아졌다. 이 경우 법원은 중대한 위험이 인정됨을 이유로 반환청구를 받아들이지 않을 수 있지만, 협약의 입법 취지가 무의미해지는 것을 방지하기 위해 자녀 보호에 필요한 조치를 명하면서 반환청구를 인용할 수도 있다.

▶ **윗글에 대한 이해로 가장 적절한 것은?**

① 전담기관 제도는 반환재판 제도와는 달리 효과적으로 작동하고 있다.

② 양육친이 반환재판에서 승소하더라도 그것만으로는 자녀의 반환이 실현되지 않는다.

③ 법원의 재판으로 양육권자가 정해지면 그 나라의 재판으로는 이를 번복할 수 없다.

④ 양육친과 비양육친의 합의로 반환 방법이 정해지면 전담기관은 더 이상 상황에 개입할 수 없다.

⑤ 양육친과 비양육친의 국적이 서로 다르면 전담기관은 타국 국민에 대해서는 지원을 제공하지 않아도 된다.

다음 글을 읽고 물음에 답하시오.

   블랙홀 쌍성계와 같은 천체에서 발생한 중력파가 지구를 지나가는 동안, 지구 위에서는 중력파의 진행 방향과 수직인 방향으로 공간이 수축 팽창하는 변형이 시간에 따라 반복적으로 일어난다.

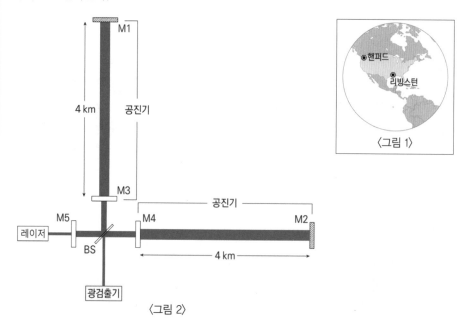

   최초로 중력파를 검출한 '라이고(LIGO)'는 〈그림 1〉과 같이 미국 핸퍼드와 리빙스턴에 위치하며, 〈그림 2〉와 같은 레이저 간섭계를 사용한다. 레이저에서 나온 빛은 빔가르개(BS)에 의해 두 개의 경로로 나뉘고 각 경로의 끝에 있는 거울(M1, M2)에 의해 반사되어 되돌아와 다시 BS에 의해 각각 두 갈래로 나뉘며 광검출기에서 서로 중첩된다. 두 경로 사이에 미세한 길이 차이가 발생하면 중첩된 빛의 세기에 차이가 발생하는데, 간섭계가 놓인 면을 중력파가 통과하며 공간의 수축과 팽창이 반복되면 빛이 지나는 두 경로의 길이 차가 시간에 따라 변화하고 광검출기에서 측정되는 빛의 세기가 그에 따라 변화한다. 이를 측정하면 중력파의 세기와 진동수를 알아낼 수 있다.

   중력파는 공간을 일정한 비율로 변형시키므로 간섭계의 경로 길이를 되도록 크게 하는 것이 길이의 변화량을 크게 할 수 있어 유리하지만 약 4km가 건설할 수 있는 한계이다. 이를 극복하기 위해 라이고에서는 기본적인 간섭계에 두 개의 거울(M3, M4)을 추가하여 '공진기'를 구성하고 각 공진기의 두 거울 사이를 빛이 여러 번 왕복하도록 함으로써 유효 경로 길이를 늘리는 방법을 사용하였다. 〈그림 2〉에서 M1과 M3, M2와 M4 사이에 공진기가 형성되고, M1과 M2의 반사율은 100%인 반면 M3, M4는 약 1%의 투과율을 갖도록 하여 빛이 출입할 수 있도록 하였다. 이 경우 공진기 밖으로 나온 빛은 두 거울 사이를 수백 번 왕복한 셈이고 따라서 유효 길이가 1,000km 이상에 이른다. 하지만 유효 길이의 변화량은 여전히 원자 크기의 십만분의 일 정도에 불과한데, 어떻게 중력파의 검출이 가능하였던 것일까?

원자의 크기보다도 한참 작은 미세한 길이 변화의 측정이 가능한 이유는 여러 번 측정하여 평균을 취하면 측정값의 정확도를 향상할 수 있다는 사실에 있다. 간섭계는 결국 광검출기에서 빛의 세기를 측정하는 것인데 양자 물리에서 빛은 '광자'라고 부르는 입자로 여겨지며 이때 빛의 세기는 광자의 개수에 비례한다. 즉, 광검출기는 광자의 개수를 측정하는 것이며 측정할 때마다 무작위로 달라지는 광자 개수의 요동이 간섭신호의 잡음으로 나타나게 되는데 이를 '산탄 잡음'이라고 한다. 빛의 세기 측정에서 신호의 크기는 광자의 개수 N에 비례하고, 광자 개수의 요동에 의한 잡음은 N의 제곱근($\sqrt{N}$)에 비례한다. 따라서 '신호대잡음비(신호크기/잡음크기)'는 $\sqrt{N}$에 비례하여 증가한다. 예를 들어 광자의 개수가 1개일 때에 비해 100개일 때, 신호는 100배 증가하지만 잡음은 10배만 증가하므로 신호대잡음비는 10배 증가하게 된다. 따라서 광자의 개수를 늘리면 산탄 잡음에 의한 신호대잡음비를 증가시킬 수 있는데 공진기는 그 안에 레이저 빛을 가둠으로써 간섭계 내부의 광자 개수를 증가시키는 역할도 한다. 하지만 이 정도로는 원하는 신호대잡음비를 얻기에 부족하고 레이저의 출력을 높이는 데에 한계가 있다. 이를 해결하기 위해 〈그림 2〉에서와 같이 BS에서 레이저 쪽으로 되돌아가는 빛을 반사하여 다시 간섭계로 보내는 출력 재활용 거울(M5)을 설치하여 간섭계에 사용되는 유효 레이저 출력을 원하는 수준으로 높인다.

빛의 입자적 성질은 간섭신호에 '복사압 잡음'이라고 불리는 또 다른 잡음을 일으키는데, 광자가 거울에 충돌하며 '복사압'이라는 힘을 작용하여 거울이 미세하게 움직이기 때문이다. 광자 개수의 요동이 거울의 요동과 그에 따른 간섭계 경로 길이의 요동을 유발하여 간섭신호의 잡음으로 나타나는데, 거울의 질량이 클수록 거울의 요동이 작아진다. 그러므로 복사압 잡음에 의한 신호대잡음비는 광자 개수의 요동이 작을수록, 거울의 질량이 클수록 커진다. 또한 거울의 요동은 힘이 작용하는 시간이 길수록 더 커지므로 복사압 잡음에 의한 신호대잡음비는 진동수가 작을수록 급격히 감소하며, 산탄 잡음에 의한 신호대잡음비는 진동수가 클수록 완만히 감소한다. 따라서 두 잡음의 합으로 결정되는 신호대잡음비가 가장 크게 되는 진동수 대역이 존재하며, 중력파의 진동수가 이 영역에 들어올 때 중력파가 검출될 확률이 가장 높다.

▶ **윗글의 내용과 일치하지 <u>않는</u> 것은?**

① 중력파는 레이저 간섭계의 경로 길이 변화로 감지한다.

② 공진기는 간섭계 내부에서 빛의 세기를 증가시키는 역할을 한다.

③ 산탄 잡음에 의한 신호대잡음비는 레이저 출력이 클수록 작아진다.

④ 복사압 잡음은 광자 개수의 요동 때문에 발생한다.

⑤ 복사압 잡음에 의한 신호대잡음비는 진동수가 클수록 커진다.

예제 2-3

2024학년도 13번   • 내용영역: 사회   • 난이도: ★★★☆☆

다음 글을 읽고 물음에 답하시오.

고전학파 경제학자들은 재화 생산에 투입된 노동량에 의해 가격이 결정된다는 '객관적 가치론'을 주창했다. 이러한 가치론은 노동의 존엄과 생산적 활동을 중시하는 당대의 가치 규범 위에 세워졌다. 그러나 오늘날에는 가치의 핵심을 소비자의 욕구 충족에서 찾고, 재화의 유용성에 관한 각자의 판단을 중시하는 '주관적 가치론'이 대세가 되었다. 이는 시장에 의해 수요자의 욕구 및 공급자의 비용에 관한 정보가 가격으로 표출되고, 시장 참여자들이 이를 신호등 삼아 의사결정을 하는 과정에서 각자의 욕구가 충족되고 자원이 효율적으로 배분되는 현상에 주목한다.

그러나 가격기구(price mechanism)에 의한 자원배분에는 한계도 있다. 시장 거래 과정에는 거래 쌍방의 편익과 비용에 더해 제3자의 편익과 비용도 발생하는 '외부성'이 존재한다. 그리고 공급자가 요구하는 가격을 지불할 능력이 없는 사람은 시장에서 배제되는 현상도 발생한다. 이러한 시장실패에 더해 시장의 힘이 커지면서 가격이 가치 규범과 괴리를 보이고 그 규범에 부정적 영향을 미치는 현상까지 빚어진다. 투기적 활동이 높은 가격을 부여받는다면 사람들은 생산적 기여 없이 돈을 버는 행위를 꺼리지 않게 되고 가격이 매겨지지 않는 덕목들을 무가치한 것으로 인식하게 될 것이다. 미국발 금융위기를 전후로 '사회적 가치'에 대한 관심이 전세계적으로 커지고 있는 것도 이러한 맥락에서 이해될 수 있다.

그런데 사회적 가치에 대해서는 서로 다른 관점이 존재한다. '사회학적 관점'에서는 가치를 인간의 삶에서 궁극적으로 바람직한 것으로 이해하며 규범으로서의 가치를 강조한다. 이 관점에서는 공정·평등·삶의 질·지속가능성 등의 가치 규범에 비춰 시정이 필요한 사회 현상을 사회 문제로 규정하고, 이를 해결해 다수가 바람직하다고 판단하는 결과를 낳는 것을 사회적 가치로 이해하는 흐름을 보인다. 반면, '경제학적 관점'에서는 시장실패 현상에 주목해, 외부성으로 인해 누군가의 욕구를 충족시켰으나 그 비용이 회수되지 못한 편익과 지불 능력 부족으로 인해 기존의 시장을 통해서는 채워지지 못했던 편익을 사회적 가치로 이해하는 흐름을 보인다.

최근에는 사회 문제 해결을 촉진하고 시장실패를 교정해 자원배분의 효율성을 높이기 위한 노력이 사회성과(social impact)라는 개념을 중심으로 펼쳐지고 있다. 사회성과란 기업 활동의 경제적 결과인 '재무성과'에 상응해 기업이 창출한 사회적 가치를 측정하기 위한 개념이다. 이때, 사회성과는 사회 문제를 해결하려 한다는 점에서 '사회학적 관점'을 반영하고, 시장의 가격기구에 반영되지 않거나 비용이 회수되지 못한 편익에 초점을 맞추고 화폐 단위로 측정가능한 결과와 인센티브를 강조한다는 점에서 '경제학적 관점'

을 반영한다.

　사회성과의 구체적인 측정 방법에는 기업 활동으로부터 편익을 제공받거나 그 활동 비용을 부담한 이해관계자별로 계정을 만든 후, 각자의 편익과 비용을 기입하고 합산하는 방법이 있다. 이에 따르면 정부·공익재단·시민 등이 사회 문제를 해결하는 다양한 형태의 경제 활동 조직에 제공한 지원금은 이들 조직의 비용을 보전시켜 주므로 해당 이해관계자 계정에서 비용으로 처리해 사회성과 계산에서 차감한다. 사회적 가치 창출에 적극적인 기업 조직 중 하나인 사회적기업을 대상으로 사회성과가 어떻게 측정되는지 살펴보자. 사회적기업이 취약계층을 고용해 근로소득 150만 원을 제공하고 정부로부터 50만 원의 고용지원금을 받는다면, 먼저 취약계층 계정에서 150만 원의 편익이 발생한다. 이는 근로자의 삶의 질이 개선된 효과를 나타낸다. 다음으로 정부는 50만 원의 지원금을 지불하므로 정부 계정에 비용으로 50만 원이 기입된다. 이때 사회성과는 두 이해관계자의 비용과 편익을 합산한 순편익으로 그 측정값은 100만 원이다.

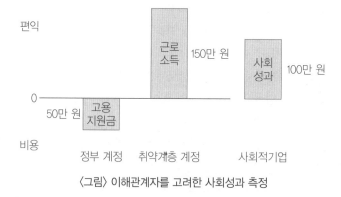

〈그림〉 이해관계자를 고려한 사회성과 측정

　사회 문제 해결 활동과 관련한 편익과 비용을 실제로 측정하는 데는 한계도 적지 않다. 그렇지만 그 편익을 화폐 단위로 환산하고 화폐화된 성과에 대한 평가를 토대로 기존 이해관계자들을 통해 회수되지 못한 부분에 대한 금전적 보상, 곧 '사회성과 보상'이 다양한 수단들로 활성화된다면, 사회적 가치를 달성하는 활동들은 가격을 본격적으로 부여받게 된다. 이 과정에서 기업과 비영리조직으로 더 많은 자금이 유입되고, 이들 조직이 효율적인 경영을 통해 더 높은 성과를 거두도록 동기가 부여되며, 가격과 사회의 가치 규범도 다시 정렬될 것이다. 이러한 흐름은 오늘날 사회공헌채권이나 임팩트투자 등으로 구체화되고 있다.

▶ 윗글에 대한 이해로 가장 적절한 것은?

① '객관적 가치론'은 가격에 의한 가치 규범의 변화에 대해 비판적 입장을 취할 것이다.

② '주관적 가치론'은 소비자의 욕구를 중시한 결과 공급자의 비용을 부차적인 문제로 취급할 것이다.

③ '사회학적 관점'은 가치의 문제를 사람들의 욕구 충족이라는 측면에서 판단할 것이다.

④ '경제학적 관점'은 가치와 가격의 괴리 현상이 존재하지 않는다고 볼 것이다.

⑤ 취약계층을 고용하는 기업에 제공되는 고용지원금은 '외부성'을 강화해 '사회적 가치'를 제고할 것이다.

2023학년도 7번　　●내용영역: 과학기술　　●난이도: ★★★☆☆

다음 글을 읽고 물음에 답하시오.

세포는 현미경으로 관찰하면 작은 물방울처럼 보이지만 세포 내부는 기름 성분으로 이루어진 칸막이에 의해 여러 구획으로 나누어져 있다. 서랍 속의 칸막이가 없으면 물건이 뒤섞여 원하는 것을 찾기 힘들어지듯이 세포 안의 구획이 없으면 세포 안의 구성물, 특히 단백질이 마구 섞이게 되어 세포의 기능에 이상이 생길 수 있다. 그러므로 각각의 단백질은 저마다의 기능에 따라 세포 내 소기관들, 세포질, 세포 외부나 세포막 중 필요한 장소로 수송되어야 한다.

세포 외부로 분비된 단백질은 호르몬처럼 다른 세포에 신호를 전달하는 역할을 하고, 세포막에 고정되어 위치하는 단백질은 외부의 신호를 안테나처럼 받아들이는 수용체 역할을 하거나 물질을 세포 내부로 받아들이는 통로 역할을 수행한다. 반면 세포 내 소기관으로 수송되는 단백질이나 세포질에 존재하는 단백질은 각각 세포 내 소기관 또는 세포질에서 수행되는 생화학 반응을 빠르게 진행하도록 하는 촉매 역할을 주로 수행한다.

단백질은 mRNA의 정보에 의해 리보솜에서 합성된다. 리보솜은 세포 내부를 채우고 있는 세포질에 독립적으로 존재하다가 mRNA와 결합하여 단백질 합성이 개시되면 세포질에 머물면서 계속 단백질 합성을 진행하거나 세포 내부의 소기관인 소포체로 이동하여 소포체 위에 부착하여 단백질 합성을 계속한다. 리보솜이 이렇게 서로 다른 세포 내 두 장소에서 단백질 합성을 수행하는 이유는 합성이 끝난 단백질을 그 기능에 따라 서로 다른 곳으로 보내야 하기 때문이다. 세포질에서 독립적으로 존재하는 리보솜에서 완성된 단백질은 주로 세포질, 세포핵·미토콘드리아와 같은 세포 내 소기관으로 이동하여 기능을 수행한다. 반면 소포체 위의 리보솜에서 합성이 끝난 단백질은 세포 밖으로 분비되든지, 세포막에 위치하든지, 또는 세포 내 소기관들인 소포체나 골지체나 리소솜으로 이동하기도 한다. 소포체·골지체·리소솜은 모두 물리적으로 연결되어 있으므로 소포체 위의 리보솜에서 만들어진 단백질의 이동이 용이하다. 또한 세포막에 고정되어 위치하거나 세포막을 뚫고 분비되는 단백질은 소포체와 골지체를 거쳐 소낭에 싸여 세포막 쪽으로 이동한다.

소포체 위의 리보솜에서 완성된 단백질은 소포체와 근접한 거리에 있는 또 다른 세포 내 소기관인 골지체로 이동하여 골지체에서 추가로 변형된 후 최종 목적지로 향하기도 한다. 이 단백질 합성 후 추가 변형 과정은 아미노산이 연결되어서 만들어진 단백질에 탄수화물이나 지질 분자를 붙이는 과정으로서 아미노산만으로는 이루기 힘든 단백질의 독특한 기능을 부여해준다. 일부 소포체에서 기능하는 효소는 소포체 위의 리보솜에서 단백질 합성을 완료한 후 골지체로 이동하여 변형된 다음 소포체로 되돌아온 단백질이다.

과연 단백질은 어떻게 자기가 있어야 할 세포 내 위치를 찾아갈 수 있을까? 그것을 설명하는 것이 '신호서열 이론'이다. 어떤 단백질은 자기가 배송되어야 할 세포 내 위치를 나타내는 짧은 아미노산 서열로 이루어진 신호서열을 가지고 있다. 예를 들어 KDEL 신호서열은 소포체 위의 리보솜에서 합성된 후 골지체를 거쳐 추가 변형 과정을 거친 다음 소포체로 되돌아오는 단백질이 가지고 있는 신호서열이다. 또한 NLS는 세포질에 독립적으로 존재하는 리보솜에서 합성되어 세포핵으로 들어가는 단백질이 가지고 있는 신호서열이고 NES는 반대로 세포핵 안에 존재하다가 세포질로 나오는 단백질이 가지고 있는 신호서열이다. 그리고 세포질에 독립적으로 존재하는 리보솜에서 만들어진 단백질을 미토콘드리아로 수송하기 위한 신호서열인 MTS도 있다.

이러한 신호서열 이론을 증명하는 여러 실험이 수행되었다. KDEL 신호서열을 인위적으로 붙여준 단백질은 원래 있어야 할 곳 대신 소포체에 위치하는 것으로 관찰되어 KDEL이 소포체로의 단백질 수송을 결정하는 신호서열이라는 결론이 내려졌다. 소포체에 부착한 리보솜에서 만들어진 어떤 단백질이 특정한 신호서열이 있어서 세포 밖으로 분비되는 것인지, 아니면 그 단백질이 신호서열을 전혀 가지고 있지 않아서 세포 밖으로 분비되는 것인지 확인하는 실험도 수행되었는데 세포의 종류에 따라 각기 다르다는 결론이 내려졌다. 세포 내 특정 장소로 가기 위한 신호서열을 가지고 있지 않은 단백질이 어떻게 특정 장소로 이동하는지를 확인하는 실험을 한 결과 특정 장소로 수송하기 위한 신호서열을 가지고 있는 단백질과의 결합을 통해 신호서열이 지정하는 특정 장소로 이동할 수 있다는 결론을 얻었다.

▶ 윗글의 내용과 일치하지 <u>않는</u> 것은?

① 세포막에서 수용체 역할을 하는 단백질은 소포체 위의 리보솜에서 합성된 것이다.

② 세포질 안에서 사용되는 단백질은 세포질에 독립적으로 존재하는 리보솜에서 합성된 것이다.

③ 골지체에서 변형된 후 소포체로 돌아온 단백질은 소포체 위의 리보솜에서 합성된 것이다.

④ 세포핵으로 수송되는 단백질은 세포 밖으로 분비되는 단백질과 다른 곳에 위치한 리보솜에서 합성된 것이다.

⑤ 미토콘드리아로 수송되는 단백질과 세포막에 위치하는 단백질은 같은 곳에 위치한 리보솜에서 합성된 것이다.

다음 글을 읽고 물음에 답하시오.

5·16 군사쿠데타 이후 집권세력은 '부랑인'을 일소하여 사회의 명랑화를 도모한다는 명분 아래 사회정화사업을 벌였다. 무직자와 무연고자를 '개조'하여 국토 건설에 동원하려는 목적으로 〈근로보도법〉과 〈재건국민운동에 관한 법률〉을 제정·공포했다. 부랑인에 대한 사회복지 법령들도 이 무렵 마련되기 시작했는데, 〈아동복리법〉에 '부랑아보호시설' 관련 규정이 포함되었고 〈생활보호법〉에도 '요보호자'를 국영 또는 사설 보호시설에 위탁할 수 있음이 명시되었다.

실질적인 부랑인 정책은 명령과 규칙, 조례 형태의 각종 하위 법령에 의거하여 수행되었다. 특히 〈내무부훈령 제410호〉는 여러 법령에 흩어져있던 관련 규정들을 포괄하여 부랑인을 단속 및 수용하는 근거 조항으로 기능했다. 이는 걸인, 껌팔이, 앵벌이를 비롯하여 '기타 건전한 사회 및 도시 질서를 저해하는 자'를 모두 '부랑인'으로 규정했다. 헌법, 법률, 명령, 행정규칙으로 내려오는 위계에서 행정규칙에 속하는 훈령은 상급 행정기관이 하급 기관의 조직과 활동을 규율할 목적으로 발하는 것으로서, 원칙적으로는 대외적 구속력이 없으며 예외적인 경우에만 법률의 위임을 받아 상위법을 보충한다. 위 훈령은 복지 제공을 목적으로 한 〈사회복지사업법〉을 근거 법률로 하면서도 거기서 위임하고 있지 않은 치안 유지를 내용으로 한 단속 규범이다. 이를 통한 인신 구속은 국민의 자유와 권리를 필요한 경우 국회에서 제정한 법률로써 제한하도록 규정한 헌법에 위배되는 것이기도 하다.

1961년 8월 200여 명의 '부랑아'가 황무지 개간 사업에 투입되었고, 곧이어 전국 곳곳에서 간척지를 일굴 개척단이 꾸려졌다. 1950년대 부랑인 정책이 일제 단속과 시설 수용에 그쳤던 것과 달리, 이 시기부터 국가는 부랑인을 과포화 상태의 보호시설에 단순히 수용하기보다는 저렴한 노동력으로 개조하여 국토 개발에 활용하고자 했다. 1955년부터 통계 연표에 수록되었던 '부랑아 수용보호 수치 상황표'가 1962년에 '부랑아 단속 및 조치 상황표'로 대체된 사실은 이러한 변화를 시사한다.

이 같은 정책 시행의 결과로 부랑인은 과연 '개조'되었는가? 개척의 터전으로 총진군했던 부랑인 가운데 상당수는 가혹한 노동조건이나 열악한 식량 배급, 고립된 생활 등을 이유로 중도에 탈출했다. 토지 개간과 간척으로 조성된 농지를 분배 받기를 희망하며 남아 있던 이들은 많은 경우 약속된 땅을 얻지 못했으며, 토지를 분배 받은 경우라도 부랑인 출신이라는 딱지 때문에 헐값에 땅을 팔고 해당 지역을 떠났다. 사회복지를 위한 제도적 기반이 충분히 갖추어져 있지 않은 상황에서 사회법적 '보호' 또한 구현되기 어려웠다. 〈아동복리법 시행령〉은 부랑아 보호시설의 목적을 '부랑아를 일정 기간 보호하면서 개인의 상황을 조사·감별하여 적절한 조치를 취함'이라 규정했으나, 전문적인 감별 작업이나 개별적 특성과 필요를 고려한 조치는 드물었고 규정된 보호 기간이 임의로 연장되기도 했다. 신원이 확실하지 않은 자들을 마구잡이로 잡아들임에 따라 수용자 수가 급증한 국영 또는 사설 복지기관들은 국가보조금과 민간 영역의 후원금으로 운영됨으로써 결국 유사 행정기구로 자리매김했다. 그중 일부는 국가보조금을 착복하는 일도 있었다.

국가는 〈근로보도법〉과 〈재건국민운동에 관한 법률〉 등을 제정하여 부랑인을 근대화 프로젝트에 활용할 생산적 주체로 개조하고자 하는 한편, 그러한 생산적 주체에 부합하지 못하는 이들은 〈아동복리법〉이나 〈생활보호법〉의 보호 대상으로 삼았다. 또한 각종 하위 법령을 통해 부랑인을 '예비 범죄자'나 '우범 소질자'로 규정지으며 인신 구속을 감행했다. 갱생과 보호를 지향하는 법체계 내부에 그 갱생과 보호의 대상을 배제하는 기제가 포함되어 있었던 것이다.

국가는 부랑인으로 규정된 개개의 국민을 경찰력을 동원해 단속·수용하고 복지기관을 통해 규율했을 뿐만 아니라, 국민의 인권과 복리를 보장할 국가적 책무를 상당 부분 민간 영역에 전가시킴으로써 비용 절감을 추구했다. 당시 행정당국의 관심은 부랑인 각각의 궁극적인 자활과 갱생보다는 그가 도시로부터 격리된 채 자활·갱생하고 있으리라고 여타 사회구성원이 믿게끔 하는 데에 집중되었던 것으로 보인다. 부랑인은 사회에 위협을 가하지 않을 주체로 길들여지는 한편, 국가가 일반 시민으로부터 치안 관리의 정당성을 획득하기 위한 명분을 제공했다.

▶ **윗글의 내용과 일치하는 것은?**

① 부랑인 정책은 갱생 중심에서 격리 중심으로 초점이 옮겨갔다.
② 부랑아의 시설 수용 기간에 한도를 두는 규정이 법령에 결여되어 있었다.
③ 부랑인의 수용에서 행정기관과 민간 복지기관은 상호 협력적인 관계였다.
④ 개척단원이 되어 도시를 떠난 부랑인은 대체로 개척지에 안착하여 살아갔다.
⑤ 부랑인 정책은 치안 유지를 목적으로 하여 사회복지 제공의 성격을 갖지 않았다.

다음 글을 읽고 물음에 답하시오.

18세기 후반 이후, 이슬람 세계는 제국주의 침략을 받기 시작했고, 이슬람 신자들은 그에 맞서 저항하였다. 그중 눈에 띄는 것은 수피 종단들이 여러 지역에서 군사적 저항을 주도했다는 점이다. 대표적인 것이 알제리, 리비아, 수단에서의 항쟁이었다. 어떻게 이들이 상당한 기간 동안 열강에 맞서 저항할 수 있었을까?

수피즘은 신과의 영적 합일을 통한 개인적 구원을 추구한다. 수피즘을 따르는 이들인 수피는 속세의 욕심에서 벗어나 모든 것을 신께 의탁하며, 금욕적으로 살고자 했다. 8세기 초에 수피즘이 싹텄고, 9세기에는 독특한 신비주의 의식이 나타났다. 수피가 걷는 개인적인 영적 도정은 길을 잃을 수도, 자아도취에 빠져 버릴 수도 있었기에 위험하기도 했다. 그 때문에 그들은 영적 선배들을 스승으로 모시게 되었고, 거의 맹목적으로 스승을 따라야 했다. 10세기 말 수피들은 종단을 구성하기 시작했다. 수피 종단은 지역과 시기에 따라 성쇠를 거듭했지만, 점차 많은 동조자를 얻었다.

북아프리카의 경우, 수피 종단들은 한동안 쇠락하다가 18세기 이후 강력하게 재조직되어 선교와 교육기관의 역할도 담당했고, 지역 밀착을 통해 생활 공동체를 형성하는 구심점이 되면서 항쟁에 필요한 기반을 이미 갖추고 있었다. 이 지역에서 수피즘 지도자들이 외세에 맞서 부족들 간 이견을 봉합하고 결집시킬 수 있었던 요인 중 하나는 종교적 권위였다. 특히 알제리 항쟁을 이끌었던 압드 알 카디르와 리비아 항쟁 지도자였던 아흐마드 알 샤리프가 성인으로 존경받은 것은 정치적 권위를 확보하는 데 큰 도움이 되었다.

수니파에서 가장 엄격한 와하비즘은 성인을 인정하지 않고, 심지어 은사를 받기 위해 예언자 무하마드의 묘소에서 기도하는 것도 알라 외의 신성을 인정하는 것이라고 보아 배격했다. 하지만 수피즘에서는 성인의 존재를 인정했다. 성인은 왈리라고 불리는데, 질병과 불임을 치료하고 액운을 막는 등의 이적을 행할 수 있다는 것이다. 성인들의 묘소는 순례의 대상이 되었고, 이를 중심으로 설립된 수피즘 수도원은 지역 공동체의 중심이 되는 경우가 많았다.

한편 북서 아프리카의 수피즘 신자들은 혈통을 중시하는 베르베르 토속 신앙의 영향을 짙게 받아 무라비트를 성인으로 숭배했다. 무라비트는 코란 학자, 종교 교사 등을 통칭하는 용어였지만, 이 지역에서는 특정 수피 종단을 이끄는 왈리를 가리킨다. 무라비트는 신의 은총인 바라카를 가졌다고 여겨져 존경을 받았다. 무라비트는 특정 가문 출신 중 영적으로 선택된 소수만이 될 수 있었는데, 대표적으로는 예언자 무하마드의 후손인 샤리프 가문이 있다. 압드 알 카디르와 아흐마드 알 샤리프는 모두 이 가문 출신의 무라비트였다.

북동 아프리카에서 일어난 수단 항쟁의 주역인 무함마드 아흐마드의 경우는 달랐다. 그는 성인 가문 출신은 아니었지만, 당시 만연한 마흐디의 도래에 대한 기대감을 충족시켜 종교적 권위를 얻고 이를 다시 정치적 권위로 전환시킴으로써 항쟁의 중심이 되었다. 이슬람교에서 마흐디란 종말의 순간 인류를 올바른 길로 인도하고 정의와 평화의 시대를 가져오는 구원자이다. 또한 마흐디는 부정의를 제거하고 신정주의 국가를 건설하는 개혁적 지도자이기도 하다. 마흐디 사상은 민간 신앙에서 출발하여 퍼진 것이었고, 특히 토속 신앙의 영향을 많이 받았던 수피들은 종단 지도자를 마흐디로 쉽게 받아들였다. 1881년, 무함마드 아흐마드는 자신이 예언자 무하마드의 생애와 사건을 재현하는 존재인 마흐디라고 선언했고, 이를 통해 여러 수피 종단과 부족 간의 갈등을 수습하여 외세에 맞서는 결속력을 만들었다.

더불어 수피즘의 의식에 참여한 이들 간에 생기는 형제애는 초국가적 조직망의 형성과 상호 협조를 가능하게 했다. 항쟁의 중심이었던 수피 종단들은 여러 나라에 수도원 중심의 조직을 가지고 있었다. 이들은 정보 교환, 물자 조달, 은신처 제공을 통해 항쟁을 뒷받침했다. 이처럼 영적 권위와 물질적 기반이 어우러져 비폭력 평화주의를 지향하던 종교 집단이 열강에 맞서 오랜 동안 저항할 수 있었던 것이다.

▶ **윗글과 일치하지 않는 것은?**

① 수피 종단들이 행했던 선교 활동은 알제리와 리비아, 수단에서 성공을 거두었다.

② 와하비즘 신봉자들은 예언자 무하마드를 특별한 존재로 받들면 일신교적 원칙을 어긴다고 보았다.

③ 수피들은 고유한 영적 의식의 참여를 통해 만들어진 연대 의식을 바탕으로 국제적 조직망을 구성했다.

④ 수피즘은 세속을 떠나 신에게 모든 것을 맡기는 삶을 추구하면서도 지역 공동체와의 협조를 중시했다.

⑤ 개인적 구원의 희구와 지도자에 대한 추종 간의 모순은 수피즘의 결과적 쇠락을 초래한 주요 원인이었다.

3. 정보의 추론과 해석

정보의 추론과 해석 유형은 제시문에 포함된 추론이나 논증의 결론이나 전제를 찾아낼 것을 요구하는 유형이다. 즉, 논증적인 글의 경우에는 제시문에서 명시적으로 진술된 주장을 파악한 다음 이를 뒷받침하는 근거를 찾을 수 있는지 혹은 제시된 주장과 근거로부터 함축되어 있는 다른 결론을 추론할 수 있는지 묻고, 설명적인 글의 경우에는 어떤 현상을 설명하기 위해 암묵적으로 동원되는 추가의 사실과 원리를 찾아내거나 이러한 설명이 함축하는 다른 정보를 추론할 수 있는지를 묻는다. 이 유형에는 논증이나 설명에서 전제하는 가정 찾기, 주어진 글이 함축하는 논리적 귀결 도출하기, 용어나 표현에 담긴 맥락 속의 의미 찾기, 글의 맥락을 고려하여 진술의 함의 추론하기, 표현의 의미 분석, 해석, 설명하기 등이 포함된다.

1) 전제하는 가정 찾기

언어이해 영역의 제시문은 논리적 구조를 갖춘 논증적인 글이거나 설명적인 글인 경우가 많다. 논증적인 글의 경우 글쓴이는 글이 다루는 중심적 문제에 대해서 자신의 주장이나 의견을 분명하고 명시적으로 드러내며, 이러한 주장이나 의견을 설득력 있게 뒷받침하기 위해서 독자가 동의할 만한 근거를 제시한다. 설명적인 글의 경우에도 주제가 되는 피설명 현상을 설명하기 위해서 글쓴이는 해당 현상의 원인이나 조건이 되는 사실이나 원리를 제시한다. 우리는 이것을 논리적 추론이라는 관점에서 이해할 수 있다. 논증적 글에서는 전제로부터 결론에 이르는 논리적 추론이 제시되는 것이고, 설명적 글에서는 사실이나 원리를 전제로 하여 피설명 현상이라는 결론에 이르는 논리적 추론이 제시되는 것으로 이해할 수 있다. 그런데 글쓴이가 이러한 논리적 추론을 제시할 때 어떤 전제를 생략하는 경우가 많다. 예컨대 글쓴이가 생각하기에 너무나 상식적이어서 구태여 언급할 필요가 없다고 생각하는 배경지식이나 원리는 생략하며, 때때로 이슈와 관련하여 분명히 중요하고 언급할 만한 가치가 있는 전제를 실수로 혹은 의도적으로 누락하기도 한다.

독자는 글쓴이가 제시하는 논증이나 설명 속에 포함된 추론이 논리적으로 전개되는지 검토하기 위해서 명시적으로 진술된 전제와 결론을 파악해야 할 뿐만 아니라 때로는 글쓴이가 누락하거나 생략한 전제를 찾아낼 필요가 있다. 왜냐하면 이러한 생략된 진술은 때때로 글쓴이의 입장을 이해하는 데 핵심적 역할을 하는 경우가 적지 않기 때문이다. 정보의 추론과 해석 유형은 이렇게 생략된 전제를 찾을 수 있는 능력을 측정하는 문항을 포함한다.

2) 논리적 귀결 도출하기 또는 맥락 속 함의 추론하기

제시문에 논증이 나타나지 않는 경우 제시문의 진술이 함축하는 논리적 귀결이 무엇인지 때때로 알 필요가 있다. 논증이 나타나는 경우에도 전제와 결론에서 글쓴이가 말한 것 이상의 정보를 이끌어 낼 수 있거나 그렇게 해야만 하는 경우도 많다. 이렇게 명시적으로 진술된 제시문의 정보에서 이끌어 낼 수 있는 결론은 글쓴이가 미처 예상하지 못한 것일 수도 있고, 심지어 글쓴이의 입장과 대립되는 것일 수도 있다.

한편 글쓴이가 제시문에서 자신의 주장, 의견, 생각을 분명하게 드러내지 않는 경우도 있는데, 그 이유는 독자가 맥락을 고려할 때 명시적인 진술이나 개념을 통해 글쓴이의 주장이나 의견, 생각을 충분하게 미루어 짐작할 수 있다고 생각하기 때문이다. 제시문이 논리적인 성격의 글이 아닌 경우에는 더욱 그러한 경우가 많다. 이 경우 독자는 글쓴이가 명시한 정보뿐만 아니라 진술, 개념이 사용되는 맥락을 충분하게 고려하여 글쓴이의 의도나 주장을 미루어 짐작해야 한다. 이것이 이른바 '행간을 읽는다'는 것이다. 그런데 독자의 입장에서 글쓴이가 분명하지 않은 표현을 통해서 자신의 의도나 주장을 간접적으로 암시하고자 할 때, 과연 그 진정한 의도나 주장이 무엇인지를 정확하게 파악한다는 것은 사실 쉬운 일이 아니다. 언어이해 영역에서는 이러한 사정을 고려하여 글쓴이의 의도나 주장으로 가장 적합한 선택지를 찾을 것을 요구하거나, 아니면 글쓴이의 의도나 주장을 충분히 짐작할 수 있는 지표나 힌트를 찾아 이를 참조함으로써 문항을 해결할 수 있도록 한다. 이 유형의 문제를 풀 때는 제시문에 명시된 정보와 상식적 수준의 배경지식에 의존하여 객관적인 관점에서 추론해야지 자신만의 특수하고 전문적인 배경지식 또는 독자적인 관점에 근거하여 추론하려고 해서는 안 된다.

3) 표현의 의미 분석, 해석, 설명하기

독자는 글쓴이의 생각을 정확하게 읽고 그 의도를 이해하기 위해서는 글쓴이가 사용하는 표현의 의미를 정확하게 파악해야 한다. 한 표현의 의미나 개념을 정확하게 파악하고 이해하기 위해서는 그러한 표현에 대해서 분석적으로 접근하는 것이 필요하다. 수험생은 중요한 표현의 의미를 그 의미를 구성하는 의미 요소로 쪼개어서 분석할 필요가 있다. 예컨대 글쓴이가 어떤 중요한 용어를 정의하기 위해 여러 가지 조건을 제시하거나 아니면 어떤 진술이 성립하기 위해 필요하고도 충분한 조건을 제시하는 경우, 독자는 그 조건을 낱낱이 찾아낸 다음 그것들이 결합하여 그 용어나 진술의 의미가 완성되는지 살펴볼 필요가 있다.

한편 표현이나 진술은 맥락 속에서 문자적 의미를 넘어서는 이차적 의미를 가질 수 있다. 예컨대 어떤 표현은 맥락 속에서 감정을 전달하기도 하고, 정치적 의미를 가질 수도 있다. 독자는 때때로 글쓴이가 의도한, 이러한 문자적 의미를 넘어서는 의미나 의도를 파악할 필요가 있다.

제시문에 사용된 표현에 포섭되는 사례를 옳게 선택할 수 있는지, 아니면 표현의 의미를 맥락을 고려하여 잘 해석할 능력이 있는지 측정하는 문항도 넓은 의미의 정보의 추론과 해석 유형에 포함된다.

❙ 정보의 추론과 해석 유형에 속하는 문항의 종류는 다양하다. 어떤 문항은 제시문 전체에 걸친 추론에 관한 질문을 던지고, 어떤 문항은 아주 세부적이고 정교한 추론에 관한 질문을 던진다. 어떤 문항은 제시문이 명시적으로 말하고 있는 내용과 아주 가까운 정도의 내용만을 추론할 것을 요구하고, 또 어떤 문항은 제시문에 깊숙이 숨어 있는 내용을 추론해 낼 것을 요구하기도 한다. '전제하고 있는 가정 찾기'도 사실 전제로부터 정책적 입장을 제시하는 결론으로 나아가는 추론에 대해서 가치 판단을 담고 있는 숨은 전제를 추론할 것을 요구할 수도 있으며, 반대로 가치 판단이 담긴 전제로부터 구체적인 정책적 행동을 촉구하는 결론을 제시하는 추론에서 저자가 암묵적으로 참이라고 가정하는 정보가 무엇인지 찾아낼 것을 요구할 수도 있다. 그리고 '표현의 의미 분석, 해석, 설명하기'도 제시문에 설명된 중요한 개념이나 표현의 의미를 분석할 것을 요구하는 방식 또는 그 개념이나 표현에 포섭될 수 있는 사례를 고를 것을 요구하는 방식으로

출제될 수 있다. 따라서 수험생은 기출문제를 반복적으로 풀어 봄으로써 정보의 추론과 해석 유형에 포함되는 문제가 구체적으로 어떤 방식으로 출제되는지 스스로 파악해 볼 필요가 있다.

다음 글을 읽고 물음에 답하시오.

금융, 마케팅, 의료 등 다양한 분야에서 생성되는 빅데이터는 많은 경우 개인정보를 포함하고 있어 데이터를 활용하는 과정에서 민감한 개인정보가 유출될 가능성이 있다. 따라서 빅데이터 구축 과정에서 개인정보의 전부 또는 일부를 삭제하거나 대체함으로써 개인의 신원이 드러나지 않도록 하면서도 해당 데이터의 활용성을 최대한 유지할 수 있도록 하는 개인정보 비식별화 기술을 사용한다.

데이터 집합에서 정보를 표현하는 최소 단위를 속성이라고 하고 다양한 속성들의 조합으로 표현된 하나의 정보를 레코드라고 한다. 데이터 집합은 이 레코드들의 집합이다. 비식별화 기술은 속성을 식별자, 준식별자, 일반속성, 민감속성으로 구분한다. 주민번호와 같이 그 자체만으로도 누구인지 식별 가능한 속성이 식별자이다. 반면에 성별, 연령, 주소와 같이 개인에 대한 직접적인 식별은 불가능하지만 이들 속성이 결합하면 개인에 대한 식별이 가능해지는 속성을 준식별자라고 한다. 성별, 이름, 연령으로 구성되어 있는 원본 데이터 집합이 있을 때, 이름에서 성씨만을 남겨 비식별 데이터 집합을 만들었다고 하자. 비록 이름은 성만 남기고 가려져 있지만 '남성'이 유일하거나, 성이 '이씨'이면서 '35세'인 사람이 유일하다면, 원본에 이 두 사람이 포함된 사실을 알면서 이들 각자의 유일한 속성값 조합을 미리 알고 있는 사람은 특정 개인을 재식별할 수 있다. 일반적으로 개인정보는 개인의 여러 속성과 결합하여 사용된다. 익명 데이터라도 여러 속성과 결합하면 유일한 속성값 조합이 새로 생기게 되며 이에 따라 특정 개인이 재식별되는 불완전한 비식별 데이터 집합이 된다.

k-익명성은 특정 개인을 추정할 가능성을 $1/k$ 이하로 낮추는 비식별화 기술로 원본 데이터 집합의 식별자나 준식별자 속성에 대해서만 마스킹, 범주화 등을 수행하여 유사한 준식별자 속성값들을 동일하게 만드는 작업을 수행한다. 마스킹은 '홍길동'을 '홍**' 로 바꾸는 것이고 범주화는 '35세'를 '30대'로 바꾸는 식이다. 이렇게 만든 비식별 데이터 집합에서 준식별자 속성값들이 모두 동일한 레코드들의 집합을 동질집합이라고 하며 이때 레코드들의 수를 동질집합의 크기라고 한다. k-익명성은 비식별 처리로 만들어진 동질집합의 크기가 k개 미만인 동질집합을 모두 삭제하여 동질집합의 크기가 k개 이상 될 수 있도록 만든다. $k \geq 2$일 때 원본 데이터 집합에 있는 특정 개인의 준식별자를 미리 알고 있어도 비식별 데이터 집합만을 보고 원본의 특정 개인을 재식별하는 것은 불가능하다. 그러나 개인 추정 가능성은 존재한다. 즉 특정하고자 하는 개인이 속한 동질집합의 크기가 k일 때 이 특정 개인이 k명 중의 한 명임을 추정할 수 있으므로 $1/k$의 확률로 개인 추정이 가능하다.

k-익명성은 한 동질집합에 속하는 모든 레코드에서 준식별자 속성이 아닌 민감속성의 값이 모두 동일할 경우 해당 정보가 유출되는 단점이 있다. 민감속성은 병명, 수입 등 개인의 사생활과 관련된 속성을 의미한다. 예를 들어 동질집합이 3명의 레코드를 갖고 있고 이 3명이 모두 위암이라면, 홍길동이 동질집합의 3명 중 한 명이라는 사실을 아는 사람은 그중 누가 홍길동인지는 몰라도 홍길동이 위암이라는 사실을 정확히 알 수 있다. 이러한 k-익명성의 단점을 보완하기 위해 ℓ-다양성을 추가로 적용한다.

ℓ-다양성은 동질집합에서 민감속성이 최소 ℓ개의 서로 다른 속성값들을 갖도록 한다. 이 조건을 만족하지 못하는 동질집합은 비식별 데이터 집합에서 삭제한다. 앞의 예에서 동질집합의 병명 속성은 모두 '위암' 값만을 가지므로 ℓ-다양성을 만족하지 못하기 때문에 이 동질집합은 삭제된다.

비식별화 기술은 개인 식별 가능성은 낮출 수 있지만 정보 손실을 유발하기 때문에 구축된 빅데이터를 활용하는 측에서는 데이터의 가치가 낮아진다. 원본 유사도는 비식별 데이터 집합의 활용성을 나타내는 지표이며 원본 데이터 집합과 이를 비식별 처리한 비식별 데이터 집합이 얼마나 유사한지를 나타낸다. 이 지표는 레코드 잔존율과 레코드 유사도로 측정한다. 레코드 잔존율은 원본 데이터 집합의 총 레코드 수 대비 비식별 데이터 집합의 총 레코드 수를 백분율로 나타낸 지표이다. 한편 레코드 유사도는 원본 데이터 집합의 한 원본 레코드가 비식별 데이터 집합에 남아 있을 경우 원본 레코드와 비식별 레코드 쌍 간의 통계적 유사성을 0과 1 사이의 값으로 표현한 지표이다.

▶ ⎣k-익명성⎦ 에 대한 추론으로 가장 적절한 것은?

① k를 낮추면 재식별 가능성과 레코드 잔존율 모두 감소한다.

② k를 낮추면 동질집합의 수는 증가하고 동질집합은 서로 크기가 같아진다.

③ k를 높이면 재식별 가능성은 증가하고 동질집합의 레코드 수는 감소한다.

④ k를 높이면 동질집합의 수는 감소하고 동질집합의 민감속성값은 모두 같아진다.

⑤ k를 변경했더니 레코드 잔존율이 증가했다면 동질집합의 크기들 중 최솟값은 작아진다.

다음 글을 읽고 물음에 답하시오.

　　벤야민은 폭력이 모든 합법적 권력의 탄생과 구성 과정에 개입함을, 그리고 그것이 금지하고 처벌하는 방식뿐만 아니라 법 자체를 제정하고 부과하며 유지하는 방식으로도 작동함을 밝히고자 했다. 「폭력 비판을 위하여」에서 그는 목적의 정의로움과 수단의 정당성에 대한 ㉠자연법론과 ㉡법실증주의의 입장 차이를 논의의 출발점으로 삼았다.

　　벤야민에 따르면, 고전적인 자연법론은 법 창출과 존속의 근거를 신이나 자연, 혹은 이성과 같은 형이상학적이고 외부적인 실체의 권위로부터 구한다. 또한 합당한 자격을 부여받은 외적 실체의 정당한 목적을 위해 사용되는 폭력은 문제가 되지 않는다고 본다. 반면 법실증주의는 폭력을 수단으로 사용하기 위한 절차적 정당성이 확보되었는지 여부에 주목한다. 벤야민은 자연법론보다는 법실증주의가 폭력 비판의 가설적 토대로 더 적합하다고 판단했다. 근본규범으로 전제된 헌법으로부터 법 효력의 근거를 도출하는 법실증주의는 법체계의 자기정초적 성격을 강조함으로써 법 제정 과정의 폭력을 읽어낼 단서를 제공해 주어, 폭력 보존의 계보에 대한 비판적 탐색을 가능케 하기 때문이다.

　　그렇지만 벤야민은 법실증주의가 목적과 수단의 관계에 대한 잘못된 전제를 자연법론과 공유한다고 보았다. 정당화된 수단이 목적의 정당성을 보증한다고 보는 경우든 정당한 목적을 통해 수단이 정당화될 수 있다고 보는 경우든, 목적과 수단의 상호지지적 관계를 전제로 폭력의 정당성을 판단한다. 그러나 법의 관심은 이러저러한 목적 혹은 수단을 평가하는 데 있는 것이 아니라 법의 폭력 자체를 수호하는 데 있다고 파악했다. 또한 법이 스스로 저지르는 폭력만을 정당한 '강제력'으로 상정하고 다른 모든 형태의 폭력적인 것들은 '폭력'으로 치부하는 문제에 관해 양편 모두 충분한 관심을 두지 않아 왔음을 지적했다.

　　벤야민은 자연법과 법실증주의가 감추어 온 법의 내재적 폭력성을 설명하기 위해 법정립적 폭력과 법보존적 폭력을 새롭게 개념화했다. 전자의 사례로 무정부적 위력이나 전쟁 등을, 후자의 사례로 행형제도와 경찰제도 등을 제시한 점에서 이들이 각각 근대국가의 입법 권력과 행정 권력에 대응하는 한정된 개념으로 사용되었다고 보기 어렵다. 법정립적 폭력은 법 목적을 위한 강제력이 정당화된 폭력의 위치를 독점하는 과정을 보여준다. 여기서 폭력은 법 제정의 수단으로 복무하지만, 목적한 바가 법으로 정립되는 순간 퇴각하는 것이 아니라 자신의 도구적 성격을 넘어서 힘 자체가 된다. 그렇기에 법과 폭력의 관계는 목적과 수단의 관계 또는 선후관계로 편입될 수 없다. 한편 법보존적 폭력은 이미 만들어진 법을 확인하고 적용하고자 하는, 그리고 이로써 법의 규율 대상에 대한 구속력을 유지하고자 하는 반복적이고 제도화된 노력들이다. 법은 구속적인 것으로

확언됨으로써 보존되며, 그 보존을 통한 재확언이 다시금 법을 구속하는 것이다. 더 나아가 그는 법 정립과 법 보존의 이러한 순환 회로를 신화적 폭력이라 명명하면서 그것을 신적 폭력과 구별 짓는다. 신적 폭력은 법을 허물어뜨리는 순수하고 직접적인 폭력이다. 벤야민은 이것이 신화적 폭력의 순환 회로를 폭파하고 새로운 질서로 나아가게끔 하는 적극적 동력임을 주장한다.

출간 당시엔 크게 주목받지 못한 「폭력 비판을 위하여」가 반세기 넘게 지나 법과 폭력의 관계를 규명하려는 연구자들의 관심을 끌게 된 데에는 데리다의 비판적 독해가 주요한 계기를 제공했다. 데리다는 「법의 힘」에서 합법화된 폭력을 소급적으로 정립하는 법의 발화수반적 힘을 분석했다. 그는 법 언어 행위를 통해 적법한 권력과 부정의한 폭력 사이의 경계가 비로소 그어진다고 설명했다. 또한 법보존적 폭력은 법정립적 폭력에 이미 내재되어 있다고 보았다. 정립은 자기보존적인 반복에 대한 요구를 내포하며, 자신이 정립했다고 주장하는 것을 보존하기 위해 재정립되어야 하기 때문이다. 더 나아가 그는 법을 정립하고 보존하는 신화적 폭력과 법을 허물어뜨리는 신적 폭력이 뚜렷이 구분될 수 없으며, 만일 후자를 벤야민이 지지했던 방식으로 이해할 경우 자칫 메시아주의로 귀결되거나 전체주의에 복무하는 것으로 해석될 여지가 있음을 지적했다.

▶ **윗글을 바탕으로 ㉠과 ㉡을 이해한 것으로 적절하지 <u>않은</u> 것은?**

① ㉠은 정당성 판단의 준거가 될 법적 권위를 법 바깥에서 구한다.

② ㉡은 수단의 절차적 정당화 여부에 따라 법의 폭력성을 판단해야 한다고 주장한다.

③ ㉠과 ㉡은 목적이나 수단 중 어느 한쪽이 정당화되면 다른 쪽의 정당성도 보증된다고 전제한다.

④ ㉠보다 ㉡이 법의 정립과 보존 과정에 내재된 폭력을 발견하는 데 더 유용하다.

⑤ ㉠과 달리 ㉡은 법적으로 승인된 폭력이 자신을 법 바깥의 폭력들과 차등화하는 문제에 주목한다.

다음 글을 읽고 물음에 답하시오.

　　도덕 공동체의 구성원은 도덕적 고려의 대상이 되는 존재로서 도덕 행위자와 도덕 피동자로 구분된다. 도덕 행위자는 도덕 행위의 주체로서 자신의 행위에 따른 결과에 대해 책임질 수 있는 존재이다. 반면에 도덕 피동자는 영유아처럼 이성이나 자의식 등이 없기에 도덕적 행동을 할 수 없는 존재이다. 그럼에도 영유아는 도덕적 고려의 대상이라는 것이 우리의 상식인데, 영유아라고 해도 쾌락이나 고통을 느끼는 감응력이 있기 때문이다. 쾌락이나 고통을 느끼기에 그것을 좇거나 피하려고 한다는 도덕적 이익을 가지고 있으므로 도덕적 고려의 대상이 되어야 한다는 것이다.

　　싱어와 커루더스를 비롯한 많은 철학자들은 이러한 이유로 감응력을 도덕적 고려의 기준으로 삼는다. 싱어는 영유아뿐만 아니라 동물도 감응력이 있으므로 동물도 도덕 공동체에 포함해야 한다고 주장한다. 반면에 커루더스는 고차원적 의식을 감응력의 기준으로 보아 동물을 도덕 공동체에서 제외하는데, 이 주장을 따르게 되면 영유아도 도덕적 고려의 대상에서 제외되고 만다. 영유아는 언젠가 그런 의식이 나타날 것이므로 잠재적 구성원이라고 주장할 수도 있다. 그러나 문제는 그런 잠재성도 없는 지속적이고 비가역적인 식물인간의 경우이다. 식물인간은 고차원적 의식은 물론이고 감응력도 없다고 생각되는데 그렇다면 도덕적 공동체에서 제외되어야 하는가?

　　식물인간을 흔히 의식이 없는 상태라고 판단하는 것은 식물인간이 어떤 자극에도 반응하지 못한다는 행동주의적 관찰 때문이다. 이런 관찰은 식물인간이 그 자극에 대한 질적 느낌, 곧 현상적 의식을 가지지 않는다고 결론 내린다. 어떤 사람이 현상적 의식이 없는 경우 그는 감응력이 없을 것이다. 그런데 거꾸로 감응력이 없다고 해서 꼭 현상적 의식을 가지지 못하는 것은 아니다. 즉, 현상적 의식과 감응력의 개념은 일치하지 않는다. 외부 자극에 좋고 싫은 적극적인 의미가 없어도 어떠한 감각 정보가 접수된다는 수동적인 질적 느낌을 가질 수 있기 때문이다. 반면 감응력은 수동적인 측면을 넘어서 그런 정보를 바라거나 피하고 싶다는 능동적인 측면을 포함한다. 이것은 자신이 어떻게 취급받는지에 신경 쓸 수 있다는 뜻이므로, 감응력을 도덕적 고려의 기준으로 삼는 철학자들은 여기에 도덕적 고려를 해야 한다고 생각하는 것이다. 행동주의적 기준으로 포착되지 않는 심적 상태는 도덕적 고려의 대상으로 여기지 않는 것이다.

　　그렇다면 감응력이 없고 현상적 의식만 있는 식물인간은 도덕적 고려의 대상이 아닐까? 도덕적 고려는 어떤 존재가 가지고 있는 도덕적 속성으로 결정되는 것이 아니라, 도덕적 행위자가 그 존재와 맺는 구체적 관계에 의해 결정된다는 주장도 있다. 다양한 존재들은 일상에서 상호작용하는데, 도덕 공동체의 가입 여부는 그러한 관계에 따라 정해진다는 것이다. 그러나 이런 관계론적 접근은 우리와 더 밀접한 관계를 갖는 인종이나 성별을 우선해서 대우하는 차별주의를 옹호할 수 있다. 그리고 똑같은 식물인간이 구체적 관계의 여부에 따라 도덕 공동체에 속하기도 하고 속하지 않기도 하는 문제도 생긴다. 결국 식물인간을 도덕적으로 고려하려면 식물인간에게서 도덕적으로 의미 있는 속성을 찾아야 한다.

감응력이 전혀 없이 오직 현상적 의식의 수동적 측면만을 가진 사람, 즉 '감응력 마비자'를 상상해 보자. 그는 현상적 의식을 가지고 있기는 하지만 못에 발을 찔렸을 때 괴로워하거나 비명을 지르지는 않는다. 그러나 안전한 상황에서 걸을 때와는 달리 발에 무언가가 발생했다는 정보는 접수할 것이다. 이런 상태는 얼핏 도덕적 고려의 대상이 되기에 무언가 부족해 보인다. 하지만 감응력 마비자는 사실상 감응력이 있는 인간의 일상생활의 모습을 보여 준다. 예컨대 컴퓨터 자판을 오래 사용한 사람은 어느 자판에 어느 글자가 있는지를 보지 않고도 문서를 작성할 수 있다. 이 사람은 특별한 능동적인 주의력이 필요한 의식적 상태는 아니지만, 외부의 자극에 대한 정보가 최소한 접수되는 정도의 수동적인 의식적 상태에 있다고 해야 할 것이다. 정도가 미약하다는 이유만으로는 그 상태를 도덕적으로 고려할 수 없다는 주장은 설득력이 부족하다. 이와 마찬가지로 식물인간이 고통은 느끼지 못하지만 여전히 주관적 의식 상태를 가질 수 있다면, 이는 도덕 공동체에 받아들일 수 있는 여지가 있다는 것을 보여 준다.

▶ 현상적 의식 과 감응력 에 대해 추론한 것으로 가장 적절한 것은?

① '감응력 마비자'는 현상적 의식을 가지고 있지 못하다.
② 감응력은 정보 접수적 측면은 없지만 능동적 측면은 있다.
③ 현상적 의식과 달리 감응력은 행동주의적 기준으로 포착되지 않는다.
④ 커루더스는 현상적 의식이 있지만 감응력이 없는 존재를 고차원적 의식이 없다고 생각한다.
⑤ 싱어는 감응력 없이 현상적 의식의 상태에 있는 대상에게 위해를 가하는 것을 비윤리적이라고 주장할 것이다.

다음 글을 읽고 물음에 답하시오.

소설을 읽는다는 것은 이야기를 하는 누군가의 목소리를 듣는다는 것을 뜻한다. 독자에게 특정한 배경 속에서 여러 인물들이 펼치는 사건에 대해 '말하는 주체'를 우리는 화자라고 부른다. 그래서 독자는 항상 화자의 목소리를 통해서 허구 세계에 대한 정보를 얻는다. 가령 등장인물의 대화가 직접화법으로 표현된 장면을 떠올려보자. 드라마가 화자 없이 등장인물의 대사로 진행된다는 점에서 이 장면도 드라마와 유사하게 느낄 수 있겠지만, 사실은 화자가 의도적으로 간접화법 대신 직접화법을 채택한 것이어서 독자에게 대화를 직접 듣는다는 착각을 이끌어내려는 책략이라고 보아야 한다. 독자는 화자가 자신의 말로 바꾸었는가 혹은 그렇지 않았는가 상관없이 언제나 그의 목소리를 들을 뿐이다.

화자가 사건에 대해 말하기 위해서는 먼저 사건을 보는 것이 필요하다. ㉠브룩스와 워렌은 순전히 화자가 보는 위치를 기준으로 일인칭과 삼인칭을 구분한 뒤, 목격자로서 사건을 관찰하는지 그렇지 않으면 탐구자로서 사건을 분석하는지에 따라 일인칭 주인공 시점과 일인칭 관찰자 시점, 작가 관찰자 시점과 전지적 작가 시점으로 구분한다. 그렇지만 이들의 논의는 삼인칭 시점에서 '화자'의 시점을 '작가'의 시점으로 치환하였고, 특정 인물의 내면을 그려내는 것과 모든 인물의 내면을 그려내는 것을 전지적 작가 시점으로 뭉뚱그렸다는 비판을 받았다.

'보는 주체'로서의 화자의 역할에 대한 또 다른 접근은 ㉡랜서에 의해 이루어졌다. 그는 화자의 역할을 이야기의 내용이나 주제와 결합시켰다. 기존 논의가 '시점'이라는 말에서 짐작할 수 있듯이 사건을 보는 위치에 치중했던 것을 반성하고, 사건을 보는 입장도 고려하고자 했다. 화자가 다른 공간적 위치에 서거나 다른 이념적 입장을 가질 때, 같은 사건도 다르게 인식되어 다르게 재현된다는 것이다. 그래서 랜서는 화자를 작가가 창조한 세계를 보여주는 인식틀이라고 언급했다. 독자가 화자를 통해서 이야기를 접한다는 점을 고려할 때, 독자가 바라볼 수 있는 시선과 들을 수 있는 목소리는 항상 화자에 의존한다는 것을 알려준 셈이다.

이와 관련하여 화자가 작품에 개입하는 것과 독자에게 진실을 전달하는 방식을 둘러싼 ㉢플라톤의 고전적인 문제제기는 흥미롭다. 그는 모방을 논하면서 영혼의 진정성 문제를 연결시킨다. 화자의 개입을 최소화하여 독자들이 실재와 가상을 착각하게 만들수록 진정성을 의심한 반면, 주관적인 논평을 섞는 방식으로 화자를 떠올리게 할수록 좀 더 진정성을 지닌 것으로 평가했던 것이다. 이러한 관점을 소설에 비추어 보면 화자를 이야기에 개입하여 객관성을 훼손하는 존재로 바라보던 태도에서 벗어나야 한다는 것을 시사한다. 즉 소설은 화자 때문에 객관성에 도달할 수 없는 것이 아니라 화자 덕분에 다른 양식과 구별되는 독자성을 획득할 수 있었던 것이다.

이렇듯 소설의 화자에 대해 지금까지 다양한 논의가 진행되었지만, 수많은 소설작품을 포괄할 만큼 충분히 정교하지 못한 것은 사실이다. 그리고 개별 작품의 경우에도 하나의 시점을 처음부터 끝까지 유지한 작품을 찾는 것이 쉽지 않다. 우리가 훌륭하다고 손꼽는 작품들 또한 그러하다. 따라서 화자의 위치나 입장, 역할 등을 이론적으로 따지기보다 구체적인 작품 감상과 결부시키는 편이 훨씬 현명하다. 작가 또한 메시지를 전달하는 데 가장 효과적인 방법이 무엇인지를 고민하는 것이다. 소설을 읽는 것을 등장인물, 화자, 독자가 정보량을 둘러싸고 벌이는 일종의 게임으로 바라보자는 견해가 바로 그것이다. 이 견해에 따르면 동일한 사건이라도 누가 정보를 더 많이 갖느냐에 따라 다른 이야기로 변주될 수 있다. 가령 화자가 등장인물이 모르는 정보를 독자에게 제공하는 경우, 자신이 처한 위기를 모르는 등장인물을 지켜보며 독자는 마음을 졸일 수밖에 없다. 하지만 등장인물과 독자가 동일한 정보를 공유하는 경우, 독자는 인물과 같은 수준으로 작중의 상황을 이해하고 함께 퍼즐을 풀어가는 기분으로 사건을 경험할 것이다. 그리고 등장인물이 독자에게 공개하지 않은 비밀을 숨기고 있는 경우, 독자는 결말에 이르러서야 사건의 전모를 파악하면서 반전의 효과를 체험할 수도 있다. 이처럼 어떤 메시지를 전달하는 데 어울리는 화자를 창조하는 일은 작품의 성공과 실패를 가르는 첫걸음이다.

▶ ㉠~㉢에 대한 이해로 적절하지 <u>않은</u> 것은?

① ㉠은 현실에 존재하는 작가와 작가가 창조한 화자를 개념적으로 구분하지 않고 있다.

② ㉡은 화자에 대해 이야기를 수용하는 독자의 입장에 영향을 미치는 인식틀로 작용한다고 보고 있다.

③ ㉢은 독자들이 실재와 가상을 혼동하지 않도록 하는 것이 진정성 있는 태도라고 판단하고 있다.

④ ㉠과 ㉡은 '말하는 주체'에 선행하는 '보는 주체'로서의 화자의 역할을 소설의 내용적 측면에서 분석하고 있다.

⑤ ㉡과 ㉢은 화자를 통해서 작가의 입장이나 태도를 파악할 수 있다고 믿고 있다.

다음 글을 읽고 물음에 답하시오.

　빈곤 퇴치와 경제성장에 관해 다양한 견해가 제시되고 있다. 빈곤의 원인으로 지리적 요인을 강조하는 삭스는 가난한 나라의 사람들이 '빈곤의 덫'에서 빠져나오기 위해 외국의 원조에 기초한 초기 지원과 투자가 필요하다고 주장한다. 그가 보기에 대부분의 가난한 나라들은 열대 지역에 위치하고 말라리아가 극심하여 사람들의 건강과 노동성과가 나쁘다. 이들은 소득 수준이 너무 낮아 영양 섭취나 위생, 의료, 교육에 쓸 돈이 부족하고 개량종자나 비료를 살 수 없어서 소득을 늘릴 수 없다. 이런 상황에서는, 초기 지원과 투자로 가난한 사람들이 빈곤의 덫에서 벗어나도록 해주어야만 생산성 향상이나 저축과 투자의 증대가 가능해져 소득이 늘 수 있다. 그런데 가난한 나라는 초기 지원과 투자를 위한 자금을 조달할 능력이 없기 때문에 외국의 원조가 필요하다는 것이다.

　제도의 역할을 강조하는 경제학자들의 견해는 삭스와 다르다. 이스털리는 정부의 지원과 외국의 원조가 성장에 도움이 되지 않는다고 본다. 그는 '빈곤의 덫' 같은 것은 없으며, 빈곤을 해결하기 위해 경제가 성장하려면 자유로운 시장이 잘 작동해야 한다고 본다. 가난한 사람들이 필요를 느끼지 않는 상태에서 교육이나 의료에 정부가 지원한다고 해서 결과가 달라지지 않으며 개인들이 스스로 필요한 것을 선택하도록 해야 한다고 보기 때문이다. 마찬가지 이유로 이스털리는 외국의 원조에 대해서도 회의적인데, 특히 정부가 부패할 경우에 원조는 가난한 사람들의 처지를 개선하지는 못하고 부패를 더욱 악화시키는 결과만 초래한다고 본다. 이에 대해 삭스는 가난한 나라 사람들의 소득을 지원해 빈곤의 덫에서 빠져나오도록 해야 생활수준이 높아져 시민사회가 강화되고 법치주의가 확립될 수 있다고 주장한다.

　빈곤의 원인이 나쁜 제도라고 생각하는 애쓰모글루도 외국의 원조에 대해 회의적이지만, 자유로운 시장에 맡겨 둔다고 나쁜 제도가 저절로 사라지는 것도 아니라고 본다. 그는 가난한 나라에서 경제성장에 적합한 좋은 경제제도가 채택되지 않는 이유가 정치제도 때문이라고 본다. 어떤 제도든 이득을 얻는 자와 손실을 보는 자를 낳으므로 제도의 채택 여부는 사회 전체의 이득이 아니라 정치권력을 가진 세력의 이득에 따라 결정된다는 것이다. 따라서 그는 지속적인 성장을 위해서는 사회 전체의 이익에 부합하는 경제제도가 채택될 수 있도록 정치제도가 먼저 변화해야 한다고 주장한다.

　제도의 중요성을 강조한 나머지 외국의 역할과 관련해 극단적인 견해를 내놓는 경제학자들도 있다. 로머는 외부에서 변화를 수입해 나쁜 제도의 악순환을 끊는 하나의 방법으로 불모지를 외국인들에게 내주고 좋은 제도를 갖춘 새로운 도시로 개발하도록 하는 프로젝트를 제안한다. 콜리어는 경제 마비 상태에 이른 빈곤국들이 나쁜 경제제도와 정치

제도의 악순환에 갇혀 있으므로 좋은 제도를 가진 외국이 군사 개입을 해서라도 그 악순환을 해소해야 한다고 주장한다.

배너지와 뒤플로는 일반적인 해답의 모색 대신 "모든 문제에는 저마다 고유의 해답이 있다."는 관점에서 빈곤 문제에 접근해야 한다고 주장하고 구체적인 현실에 대한 올바른 이해에 기초한 정책을 강조한다. 두 사람은 나쁜 제도가 존재하는 상황에서도 제도와 정책을 개선할 여지는 많다고 본다. 이들은 현재 소득과 미래 소득 사이의 관계를 나타내는 곡선의 모양으로 빈곤의 덫에 대한 견해들을 설명한다. 덫이 없다는 견해는 이 곡선이 가파르게 올라가다가 완만해지는 '뒤집어진 L자 모양'이라고 생각함에 비해, 덫이 있다는 견해는 완만하다가 가파르게 오른 다음 다시 완만해지는 'S자 모양'이라고 생각한다는 것이다. 현실 세계가 뒤집어진 L자 모양의 곡선에 해당한다면 아무리 가난한 사람이라도 시간이 갈수록 점점 부유해진다. 이들을 지원하면 도달에 걸리는 시간을 조금 줄일 수 있을지 몰라도 결국 도달점은 지원하지 않는 경우와 같기 때문에 도움이 필요하다고 보기 어렵다. 그러나 S자 곡선의 경우, 소득 수준이 낮은 영역에 속하는 사람은 시간이 갈수록 소득 수준이 '낮은 균형'으로 수렴하므로 지원이 필요하다. 배너지와 뒤플로는 가난한 사람들이 빈곤의 덫에 갇혀 있는 경우도 있고 아닌 경우도 있으며, 덫에 갇히는 이유도 다양하다고 본다. 따라서 빈곤의 덫이 있는지 없는지 단정하지 말고, 특정 처방 이외에는 특성들이 동일한 복수의 표본집단을 구성함으로써 처방의 효과에 대한 엄격한 비교 분석을 수행하고, 지역과 처방을 달리하여 분석을 반복함으로써 이들이 어떻게 살아가는지, 도움이 필요한지, 처방에 대한 이들의 수요는 어떠한지 등을 파악해야 빈곤 퇴치에 도움이 되는 지식을 얻을 수 있다고 본다. 빈곤을 퇴치하지 못하는 원인이 빈곤에 대한 경제학 지식의 빈곤이라고 생각하는 것이다.

▶ 배너지와 뒤플로 의 입장을 설명한 것으로 가장 적절한 것은?

① 제도보다 정책을 중시한다는 점에서 애쓰모글루에 동의한다.
② 가난한 사람들의 수요를 중시한다는 점에서 이스털리에 동의한다.
③ 거대한 문제를 우선해서는 안 된다고 보는 점에서 콜리어에 동의한다.
④ 정부가 부패해도 정책이 성과를 낼 수 있다고 보는 점에서 삭스에 반대한다.
⑤ 빈곤 문제를 해결하는 일반적인 해답이 있다고 보는 점에서 로머에 동의한다.

다음 글을 읽고 물음에 답하시오.

　　20세기 초에 약학자 타파이너는 ㉠아크리딘 색소가 침착된 원생동물이 번개에 노출되자 죽는 현상을 우연히 관찰했고, 이어 피부 종양에 형광물질의 하나인 에오신을 바르고 빛을 쪼어 종양에 반응이 있음을 확인했다. 이후 연구자들은 빛과 화학물질 및 산소의 상호작용으로 세포가 죽는다는 것을 보였고, 타파이너는 이 현상을 산소 의존성 광반응 현상이라고 보고하면서 광역학 치료라는 용어를 최초로 사용하였다.

　　광역학 치료에는 빛 에너지, 감광제, 산소가 필수적이다. 외부에서 특정 파장의 빛을 쪼이면 감광제가 세포 및 조직 주변에 존재하는 산소와 반응하여 활성산소종을 짧은 시간 안에 국소적으로 발생시키고, 이들은 생체분자들을 산화시켜 기능을 파괴함으로써 세포를 사멸시킨다. 여기서 감광제의 종류에 따라 활성산소종을 최대로 발생시키는 빛의 파장, 즉 색깔이 다르다는 것이 주목된다. 특정 감광제는 특정 파장의 빛에 가장 효율적으로 반응하기 때문이다. 감광제가 어떤 파장의 빛에 의해 활성화되면 주변 산소에 전자 혹은 에너지를 전달하여 활성산소종을 생성시킨다. 활성산소종은 세포의 대사 과정에서도 일부 발생하는 것으로, 극소량으로 존재할 때는 생화학 반응에 도움을 주기도 하지만 과량으로 생성된 활성산소종이 오랫동안 지속될 경우 독성이 있어 활성산소종을 제거하는 항산화제의 투여가 필요한 경우도 있다. 감광제에 빛을 쪼어 발생한 활성산소종은 반감기가 약 $0.05\mu s$ 이하이기 때문에 생성 후 빨리 소멸되고, 그 영향이 미치는 유효거리는 발생점에서 약 20nm까지여서 감광제와 매우 가까운 주변부에서만 국소적 반응을 일으킨다.

　　광역학 치료에 사용하는 감광제는 포르피린계 화합물과 기타 형광 염색 시약으로 나눌 수 있다. 여드름균은 포르피린을 스스로 합성하는데 이 때문에 특정 파장의 빛을 쪼이면 여드름균만 사멸되어 효과적인 치료를 할 수 있다. 많은 형광 염색 시약들도 활성산소종 방출 능력을 가지고 있어 감광제로 사용할 수 있지만, 광 노출 시 활성산소종이 충분히 방출되어야 하고, 빛이 없을 경우에는 독성이 낮아야 하며, 생체 외부로 배출되는 능력도 커야 한다. 광역학 치료는 외부 빛이 체내 깊숙이 투과하지 못 할 경우 치료 효과의 제한이 있으며, 감광제의 농도, 빛의 세기와 노출 시간, 조직 내 산소 농도 등에 의해 치료 효율이 다르다. 또한 세포 안에는 특정 파장의 빛을 받고 그보다 긴 파장의 빛을 내어 놓는 형광물질이 존재할 수 있으므로, 이들에 의한 간섭효과를 감안하여 감광제와 이를 활성화하는 빛의 파장의 선택도 고려해야 한다. 높은 농도의 감광제를 주입할 경우 알레르기를 유발할 수 있고 완전히 분해 혹은 배출되지 않은 감광제가 잔류되었을 경우 햇빛 노출에 의해 피부세포가 손상될 수 있기 때문에, 잔류 감광제가 완전 분해되기까지 빛

차단을 위한 관리가 필요하다.

광역학 치료는 현재 각종 피부질환 치료에 널리 사용되고 있으며, 암 치료에도 효과가 있는 것으로 알려져 있다. 암 치료 시에는 감광제가 암 조직에 선택적으로 축적되는 기전을 이용한다. 정맥주사로 투여되는 감광제는 대부분 물에 녹지 않기 때문에 혈액의 저밀도 지질단백질(LDL)과 강하게 결합한다. 암세포의 세포막에는 LDL과 결합하는 LDL 수용체가 많이 존재하기 때문에 정상세포에 비해 암세포에 감광제가 다량으로 축적된다. 광역학 치료 과정에서 암 조직에 손상을 주어 염증을 유발하면 암세포에 대한 면역 반응을 활성화할 수 있어 치료 효율을 높일 수 있다. 항암제와 방사선 치료는 강한 독성 때문에 심각한 부작용을 초래하지만 감광제는 암 조직에만 선택적으로 축적되고 빛을 쪼여 준 부위에서만 국소적인 독성을 나타내므로 대안적 암 치료법으로 고려되고 있다.

▶ ㉠을 바탕으로 수행한 〈보기〉의 실험 결과에 대해 평가한 것으로 적절하지 <u>않은</u> 것은?

《 보기 》

어떤 원생동물을 빛이 차단된 조건에서 충분한 산소를 공급하면서 배양한 후 다음과 같은 처리를 하고 일정 시간 후 원생동물의 생존율을 조사하였다. (−는 없음, +는 있음을 뜻한다.)

광원	감광제	항산화제	생존율(%)
−	−	−	100
		+	100
	A	−	80
		+	80
	B	−	100
		+	100
자외선	−	−	0
		+	40
	A	−	0
		+	32
	B	−	0
		+	40

녹색 빛	−	−	100
		+	100
	A	−	0
		+	80
	B	−	70
		+	100
적색 빛	−	−	100
		+	100
	A	−	80
		+	80
	B	−	0
		+	100

① A는 활성산소종의 생성과는 무관한 독성을 가지고 있다.

② A는 적색 빛보다 녹색 빛에 의해 더 적은 양의 활성산소종을 발생시킨다.

③ B는 적색 빛뿐 아니라 녹색 빛에 의해서도 활성산소종을 발생시킨다.

④ A와 B는 빛이 존재하지 않으면 활성산소종을 발생시키지 않는다.

⑤ 자외선에 의하여 유발되는 활성산소종은 A나 B로부터 발생한 것은 아니다.

4. 정보의 평가와 적용

정보의 평가와 적용 유형은 다시 정보의 평가 유형과 정보의 적용 유형으로 나눌 수 있다.

정보의 평가 유형에서는 글에 나타난 정보의 성격(사실, 의견 등)과 논리적 관계(근거와 주장 관계, 반대·대립 관계 등) 판단하기, 새로운 정보가 기존의 정보나 이론에 미치는 영향(강화, 약화 등) 판단하기, 주어진 논증이나 설명의 타당성 평가하기, 글 전체나 글에 나타난 입장에 대하여 종합적으로 평가하기가 출제된다. 정보의 적용 유형에는 글 속의 원리나 패턴을 새로운 사례나 상황에 적용하거나 전이하기, 주어진 문제 상황에 대한 적절한 해결책을 제시하기 등의 문항이 포함된다.

1) 강화 및 약화 판단하기

정보의 평가 유형은 어떤 새로운 정보가 글쓴이의 주장이나 이론을 강화하는지 혹은 약화하는지 판단할 수 있는 능력을 평가하는 '강화 또는 약화' 문항을 포함한다. 예컨대 "ⓐ의 입장을 지지하는 사례로 활용하기에 적절한 것은?"과 같은 형태가 이 유형에 속하는 문항이다.

강화 또는 약화 문항은 어떤 일반적 주장을 지지하는 사례가 무엇인지 선택하라는 형태로 나올 수도 있고, 자연 현상을 설명하기 위해 제안된 과학적 가설을 지지하는 사례나 약화하는 사례를 선택하라는 식으로도 출제될 수 있다. 또는 제시문에서 글쓴이가 어떤 사회 현상에 대해서 적용되는 법칙을 제안했지만, 그 법칙이 사실은 예외를 가진다거나 현안 이슈와 직접적으로 관련된 사례에 대해서는 적용되기 어렵다는 점을 보임으로써 제안된 법칙의 설득력이 약화된다는 점을 파악할 수 있는 능력이 있는지를 물어볼 수도 있다.

'강화 또는 약화' 유형의 문항에서 주의할 점은 제시된 사례나 사실이 글쓴이의 주장이나 이론을 강화하거나 약화하는지 물을 때 그 사례나 사실은 참인 것으로 가정된다는 것이다. 즉, 제시된 사례나 사실이 참이라고 가정할 경우 그 사실이 문제의 주장을 강화하는지 또는 약화하는지 논리적으로 판단하기만 하면 된다. 수험생이 제시된 사례가 거짓이라고 스스로 판단하고서 거짓인 사례는 어떤 주장도 강화할 수 없다고 결론지어서는 안 된다.

2) 합당한 기준에 준거하여 타당성 평가하기

정보의 평가 유형은 제시문에 나타나는 글쓴이의 논증이나 설명을 합당한 기준에 근거하여 그 타당성을 평가할 수 있는 능력을 측정하는 문항을 포함한다. 이 유형의 문항은 또한 글 전체의 내용이 정합적으로 구성되고 전개되는지, 글쓴이가 편향적인 관점이나 사고를 가지고 있지는 않은지, 논리적 오류를 범하고 있는 것은 아닌지 등을 물을 수 있으며, 논증적인 글에 대해서 설득력이 있는지, 설명적인 글에 대해서는 좋은 설명인지 등을 평가해 볼 것을 요구할 수 있다. 여기서 '설득력이 있는'이나 '좋은'은 전문적인 배경지식을 동원하지 않고서도 상식적 수준에서 받아들일 수 있는 기준으로서, 논증이나 설명의 전제를 합리적으로 받아들일 수 있으며 전제로부터 결론으로 나아가는 추리가 설득력이 있어서 결론이나 설명을 합당하게 수용할 수 있음을 의미한다. 만약 어떤 생각이나 주장에 대한 평가가 평가하는 사람들에 따라 서로 다를 수 있다면, 문제 삼는 논증이나 주장의 타당성을 평가하기 위한 기준이 제시문이나 〈보기〉 등을 통해서 명시적으로 제시되어야 한다.

또한 글 전체의 내용, 글쓴이의 입장, 글에 나타나는 입장에 대해 종합적으로 평가할 수 있는 능력을 측정하는 문항도 정보의 평가 유형에 포함된다. 이러한 문항은 글쓴이의 입장과 반대되는 입장이나 또는 입장 사이의 차이점이 무엇인지를 다양한 각도에서 물을 수 있다. 예컨대 제시문과 〈보기〉에 나타난 몇 가지 입장에 대해서 각 입장이 동일한 용어를 서로 상이한 개념으로 사용하고 있다는 것을 지적하는 선택지나, 한 입장이 다른 입장에 대해서 어떤 태도나 반응을 보이고 있다는 점을 지적하는 선택지를 포함하는 문항이 출제될 수 있다.

3) 원리나 패턴 적용하기

글쓴이가 문제가 되는 상황이나 사례에 대해 적용 가능한 개념이나 일반적 원리 또는 패턴을 제안할 때, 이러한 개념, 원리, 패턴이 새로운 사례나 상황에서 실제로 작동하는지 알아보는 것은 중요할 것이다. 과학자가 어떤 현상을 설명하기 위해서 제안한 자신의 가설을 새로운 상황이나 사례에서 검증하거나 반증하려고 하는 시도가 그 좋은 예이다. 정보의 적용 유형은 수험생이 개념, 원리, 패턴을 새로운 사례에 적용할 수 있는 능력이 있는지 측정하고자 한다. 이 유형은 제시문에 나타난 일반적 개념, 원리, 패턴을 구성하는 요소나 조건을 분석한 다음 새로운 상황에 해당 요소나 조건을 올바로 적용할 수 있는지 물을 수 있다. 적용의 방식은 자연 법칙을 연역에 가깝게 적용하는 것으로부터 매우 느슨한 형태의 유비를 적용하는 것에 이르기까지 다양할 수 있다.

4) 문제 상황에 대한 해결책 제시하기

일반적으로 언어이해 영역의 제시문은 대부분 한두 개의 중심 문제를 놓고 문제해결 논의가 진행되는 경우가 많다. 독자는 글쓴이가 제시하는 설명이나 논증이 실제적으로 문제를 해결하는 방식이 되는지 스스로 평가할 필요가 있다.

여기서는 문제를 해결하기 위해 제안한 대안 중 최선의 것을 수험생이 선택할 수 있는지 평가하는 문항이 출제될 수 있다. 즉, 주어진 문제에 대해 제시된 대안이 진정으로 문제를 해결하는 방식이 될 수 있는지 판단하거나, 제시된 새로운 방식이 이미 제공된 것보다 더 나은 대안인지 판단할 수 있는 능력을 측정하고자 하는 문항이 출제될 수 있다.

▌ 글을 비판적으로 읽는다는 것은 단순히 글의 내용을 정확히 파악하는 것뿐만 아니라 글쓴이의 설명이나 논증이 타당성을 갖추고 있는지 평가하고, 글쓴이의 설명이나 논증을 강화하거나 약화하는 증거나 정보가 무엇일 수 있는지 판단하는 것까지 포함한다.
정보의 평가와 적용 유형의 문항을 해결하기 위해서는 글쓴이가 제시한 주장과 논증이 합당한지, 정합적인지를 객관적으로 평가할 수 있어야 하며, 글의 주장이나 원리를 지지하거나 약화하는 증거나 정보가 어떤 것일 수 있는지 알 수 있어야 한다. 수험생은 글에 나타난 추론(논증, 설명)을 논리적 구성 요소(전제, 결론)로 분석하여 재구성한 후, 전제는 받아들일 만한지, 전제가 결론을 타당하게 지지하는지 등을 비판적으로 검토해 볼 필요가 있다. 기출문제의 제시문을 활용하여 글을 분석·재구성하는 연습을 하고 많은 기출문제를 풀어 봄으로써, 정보의 평가와 적용 유형의 문제를 해결하는 능력을 길러야 할 것이다.

다음 글을 읽고 물음에 답하시오.

알파고가 인간 바둑 최고수를 꺾은 사건은 자연 세계에서 인간의 특권적 지위를 문제 삼고, 윤리학의 인간 중심적 전통에 도전한다. 우리는 이제 인간과 같은 또는 더 뛰어난 지능을 지닌 인공 지능도 도덕적 고려의 대상으로 인정해야 하느냐는 물음에 직면하는 것이다. 이 물음에 선뜻 동의하지 못하는 사람들은 인간성의 핵심을 지적인 능력이 아니라 기쁨과 슬픔, 공포와 동정심 등의 감정적인 부분에서 찾으려 한다. 예컨대 알파고는 경쟁에서 이겨도 승리를 기뻐하지 못하며, 우리도 알파고를 축하하며 함께 축배를 들 수 없다. 인간의 특정 작업이 인공 지능을 갖춘 로봇에 의해 대체되더라도 인간의 감정을 읽고 인간과 상호작용하는 작업은 대체되지 못하리라는 것이다.

하지만 최근에는 감정을 가진 로봇, 곧 인공 감정을 제작하려는 열망이 뜨겁다. 인간의 돌봄과 치료 과정을 돕는 로봇은 사용자의 세밀한 필요에 더 잘 부응할 것이다. 사람들은 인간과 정서적 교감을 하는 로봇을 점점 가족 구성원처럼 여기게 될지도 모른다. 그러면 로봇은 인간과 같은 감정을 가지고 인간과 상호작용하는 존재가 될 것인가? 로봇을 도덕 공동체에 받아들여야 하는가? 이 물음에 답하려면 인간에게 감정의 핵심적인 역할은 무엇인지 생각해 보아야 한다. 인공 지능의 연구도 그렇지만, 인공 감정의 연구도 인간의 감정을 닮은 기계를 만들려는 시도이면서 동시에 감정 과정에 대한 계산 모형을 통해 인간의 감정을 더 깊이 이해하는 과정이기도 하다.

감정은 인지 과정과는 달리 적은 양의 정보로도 개체의 생존과 항상성 유지를 가능하게 해 주는 역할을 한다. 또 무엇을 추구하고 회피할지 판단하도록 하는 동기의 역할을 한다. 한편 우리는 사회적 상호작용에서 서로의 신체 반응이나 표정을 통해 미묘한 감정을 읽어내고 그에 적절히 반응하며, 그런 정서적 교감을 통해 공동체를 유지한다.

그러나 로봇이 정말로 이러한 감정 경험을 하는지 판단하기는 쉽지 않다. 철학자들은 인공 지능이 인간과 똑같은 인지적 과제를 수행했다고 하더라도 그것은 의미를 이해하지 못하기 때문에 진정한 지능이 아니라고 주장했다. 인공 감정에 대해서도 마찬가지로, 감정을 입력 자극에 대한 적절한 출력을 내놓는 행동들의 패턴이 아니라 내적인 감정 경험으로 이해한다면 인공 감정이 곧 인간의 감정이라고 말할 수 없다. 인간만 보더라도 행동의 동등성은 심성 상태의 동등성을 함축하지 않기 때문에, 동일한 행동을 하는 두 사람이 서로 다른 감정을 느낄 수 있고 그 역도 가능하다. 로봇의 경우에는 행동의 동등성이 곧 심성 상태의 존재성조차도 함축하지 않는다.

로봇이 감정을 가지기 위해서는 감정을 인식하고 표현하는 데 그쳐서는 안 되고 내적인 감정을 생성할 수 있어야 한다. 그러나 거기에는 현실적으로 상당히 어려운 전제 조건이 만족되어야 한다. 첫째, 감정을 가진 개체는 기본적인 충동이나 욕구를 가진다고 전제된다. 목마름, 배고픔, 피로감 등의 본능이나 성취욕, 탐구욕 등이 없다면 감정도 없다. 둘째, 인간과 사회적으로 상호작용하기 위해 인간이 가지는 것과 같은 감정을 가지려면, 로봇은 최소한 고등 동물 이상의 일반 지능을 가지고, 생명체들처럼 복잡하고 예측 불가능한 환경에 적응할 수 있어야 한다. 그런데 복잡한 환경에 적응하여 행위할 수 있는 일반 지능을 가진 인공 지능에 도달하는 길은 아직 멀다. 현재 인공 지능이 제한적인 영역에서 주어진 과제를 얼마나 효율적으로 산출하는지 이외의 문제들은 부차적인 것으로 치부되고 있기 때문이다. 그렇다면 ㉠진정한 감정이 없는 로봇을 도덕 공동체에 받아들일 이유는 없다.

▶ ㉠에 대해 문제를 제기한 것으로 가장 적절한 것은?

① 로봇이 감정에 휩싸인다면 복잡하고 예측 불가능한 환경에 잘 적응할 수 없지 않을까?

② 인간처럼 감정을 인식하고 표현하는 인공 감정 연구는 이미 상당한 수준에 올라 있지 않을까?

③ 인공 지능도 인간의 감정을 이해하고 배려한다면 인공 지능이 도덕적 고려를 할 수 있지 않을까?

④ 도덕 공동체에 있으면 내적 감정을 갖겠지만, 내적 감정을 갖는다고 해서 꼭 도덕 공동체에 포함해야 할까?

⑤ 비행기와 새의 비행 방식이 다르듯, 로봇은 인간과 다른 방식으로 감정의 핵심 역할을 수행할 수 있지 않을까?

다음 글을 읽고 물음에 답하시오.

제도의 선택에 대한 설명에는, 합리적인 주체인 사회 구성원들이 사회 전체적으로 가장 이익이 되는 제도를 채택한다고 보는 효율성 시각과 이데올로기·경로의존성·정치적 과정 등으로 인해 효율적 제도의 선택이 일반적이지 않다고 보는 시각이 있다. 효율성 시각은 어떤 제도가 채택되고 지속될 때는 그만한 이유가 있을 것이라는 직관적 호소력을 갖지만, 전통적으로는 특정한 제도가 한 사회에 가장 이익이 되는 이유를 제시하는 설명에 그치고 체계적인 모델을 제시하지는 못했다고 할 수 있다. 이런 난점들을 극복하려는 제도가능곡선 모델 은, 해결하려는 문제에 따라 동일한 사회에서 다른 제도가 채택되거나 또는 동일한 문제를 해결하기 위해 사회에 따라 다른 제도가 선택되는 이유를 효율성 시각에서도 설명할 수 있게 해준다.

바람직한 제도에 대한 전통적인 생각은 시장과 정부 가운데 어느 것을 선택해야 할 것인가를 중심으로 이루어졌다. 그러나 제도가능곡선 모델은 자유방임에 따른 무질서의 비용과 국가 개입에 따른 독재의 비용을 통제하는 데에는 기본적으로 상충관계가 존재한다는 점에 착안한다. 힘세고 교활한 이웃이 개인의 안전과 재산권을 침해할 가능성을 줄이려면 국가 개입에 의한 개인의 자유 침해 가능성이 증가하는 것이 일반적이라는 것이다. 이런 상충관계에 주목하여 이 모델은 무질서로 인한 사회적 비용(무질서 비용)과 독재로 인한 사회적 비용(독재 비용)을 합한 총비용을 최소화하는 제도를 효율적 제도라고 본다.

가로축과 세로축이 각각 독재 비용과 무질서 비용을 나타내는 평면에서 특정한 하나의 문제를 해결하기 위한 여러 제도들을 국가 개입 정도 순으로 배열한 곡선을 생각해 보자. 이 곡선의 한 점은 어떤 제도를 국가 개입의 증가 없이 도달할 수 있는 최소한의 무질서 비용으로 나타낸 것이다. 이 곡선은 한 사회의 제도적 가능성, 즉 국가 개입을 점진적으로 증가시키는 제도의 변화를 통해 얼마나 많은 무질서를 감소시킬 수 있는지를 나타내므로 제도가능곡선이라 부를 수 있다. 이때 무질서 비용과 독재 비용을 합한 총비용의 일정한 수준을 나타내는 기울기 −1의 직선과 제도가능곡선의 접점에 해당하는 제도가 선택되는 것이 효율적 제도의 선택이다. 이 모델은 기본적으로 이 곡선이 원점 방향으로 볼록한 모양이라고 가정한다.

제도가능곡선 위의 점들 가운데 대표적인 제도들을 공적인 통제의 정도에 따라 순서대로 나열하자면 1) 각자의 이익을 추구하는 경제주체들의 동기, 즉 시장의 규율에 맡기는 사적 질서, 2) 피해자가 가해자에게 소(訴)를 제기하여 일반적인 민법 원칙에 따라 법원에서 문제를 해결하는 민사소송, 3) 경제주체들이 해서는 안 될 것과 해야 할 것, 위반 시

처벌을 구체적으로 명기한 규제법을 규제당국이 집행하는 정부 규제, 4) 민간 경제주체의 특정 행위를 금지하고 국가가 그 행위를 담당하는 국유화 등을 들 수 있다. 이 네 가지는 대표적인 제도들이고 현실적으로는 이들이 혼합된 제도도 가능하다.

무질서와 독재로 인한 사회적 총비용의 수준은 곡선의 모양보다 위치에 의해 더 크게 영향을 받는데, 그 위치를 결정하는 것은 구성원들 사이에 갈등을 해결하고 협력을 달성할 수 있는 한 사회의 능력, 즉 시민적 자본이다. 따라서 불평등이 강화되거나 갈등 해결 능력이 약화되는 역사적 변화를 경험하면 이 곡선이 원점에서 멀어지는 방향으로 이동한다. 이러한 능력이 일종의 제약 조건이라면, 어떤 제도가 효율적일 것인지는 제도가능곡선의 모양에 의해 결정된다. 그런데 동일한 문제를 해결하기 위한 제도가능곡선이라 하더라도 그 모양은 국가나 산업마다 다르기 때문에 같은 문제를 해결하기 위한 제도가 국가와 산업에 따라 다를 수 있다. 예컨대 국가 개입이 동일한 정도로 증가했을 때, 개입의 효과가 큰 정부를 가진 국가(A)는 그렇지 않은 국가(B)에 비해 무질서 비용이 더 많이 감소한다. 그러므로 전자가 후자에 비해 곡선의 모양이 더 가파르고 곡선상의 더 오른쪽에서 접점이 형성된다.

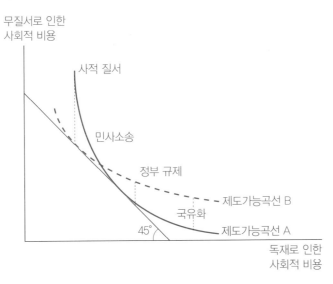

제도가능곡선 모델의 제안자들은 효율적 제도가 선택되지 않는 경우도 많다는 것을 인정한다. 그러나 자생적인 제도 변화의 이해를 위해서는 효율성의 개념을 재정립한 제도가능곡선 모델을 통해 효율성 시각에서 제도의 선택에 대해 체계적인 설명을 제시하는 것이 중요하다고 본다.

▶ 제도가능곡선 모델 을 바탕으로 〈보기〉에 대해 반응한 것으로 적절하지 않은 것은?

───《 보기 》───

　　19세기 후반에 미국에서는 새롭게 발달한 철도회사와 대기업들이 고객과 노동자들에게 피해를 주고 경쟁자들의 진입을 막으며 소송이 일어나면 값비싼 변호사를 고용하거나 판사를 매수하는 일이 다반사로 일어났다. 이에 대한 대응으로 19세기 말~20세기 초에 진행된 진보주의 운동으로 인해 규제국가가 탄생하였다. 소송 당사자들 사이에 불평등이 심하지 않았던 때에는 민사소송이 담당했던 독과점, 철도 요금 책정, 작업장 안전, 식품 및 의약품의 안전성 등과 같은 많은 문제들에 대한 사회적 통제를, 연방정부와 주정부의 규제당국들이 담당하게 된 것이다.

① 철도회사와 대기업이 발달하면서 제도가능곡선이 원점에 더 가까워지는 방향으로 이동했군.
② 철도회사와 대기업이 발달하기 전에는 많은 문제의 해결을 민사소송에 의존하는 것이 효율적이었군.
③ 규제국가의 탄생으로 인해 무질서 비용과 독재 비용을 합한 사회적 총비용이 19세기 후반보다 줄었군.
④ 규제국가는 많은 문제에서 제도가능곡선의 모양과 위치가 변화한 것에 대응하여 효율적 제도를 선택한 결과였군.
⑤ 철도회사와 대기업이 발달한 이후에 소송 당사자들 사이의 불평등과 사법부의 부패가 심해짐에 따라 제도가능곡선의 모양이 더욱 가팔라졌군.

다음 글을 읽고 물음에 답하시오.

15세기 초 브루넬레스키가 제안한 선원근법은 서양의 풍경화에 큰 변화를 가져왔다. 고정된 한 시점에서 대상을 통일적으로 배치하는 기하학적 투시도법으로 인간의 눈에 보이는 대로 자연을 화폭에 담을 수 있게 된 것이다. 문학 비평가 가라타니 고진은 이러한 풍경화의 원리를 재해석한 '풍경론'을 통해 특정 문학 사조를 추종하는 문단의 관행을 비판했다.

고진에 따르면, 풍경이란 고정된 시점을 가진 한 사람에 의해 통일적으로 파악되는 대상이다. 내 눈 앞에 펼쳐진 풍경은 있는 그대로 존재하는 자연이 아니라 내가 보았기 때문에 여기 있는 것이며, 그런 점에서 모든 풍경은 내가 새롭게 발견한 대상이 된다. '풍경'은 단순히 외부에 존재해서가 아니라 주관에 의해 지각될 때 비로소 풍경이 된다.

고진은 이러한 과정을 '풍경의 발견'이라 부르고, 이를 근대인의 고독한 내면과 연결시켰다. 가령, 작가 구니키다 돗포의 소설에는 외로움을 느끼지만 정작 자기 주변의 이웃과 사귀지 않고 산책길에 만난 이름 모를 사람들이나 이제는 만날 일이 없는 추억 속의 존재들을 회상하며 그들에게 자신의 감정을 일방적으로 투사하는 주인공이 등장한다. 죽어갈 운명이라는 점에서는 모두가 동일하다면서, 주인공은 인간이란 누구든 다 친근한 존재들이라 말한다. 실제 이웃과의 관계 맺기를 기피한 채, 주인공은 현실적으로 아무 상관이 없는 사람들과 하나의 세계를 이루어 살고 있다. 고진은 인간마저도 하나의 풍경으로 취급해 버리는 주인공으로부터, 전도(顚倒)된 시선을 통해 풍경을 발견하는 '내적 인간'의 전형을 읽는다. 이로부터 고진은 "풍경은 오히려 외부를 보지 않는 자에 의해 발견된 것"이라는 결론을 얻는다.

고진의 풍경론은 한쪽에서는 내면성이나 자아라는 관점을, 다른 한쪽에서는 대상의 사실적 묘사라는 관점을 내세우며 대립하는 문단의 세태를 비판하기 위해 제시되었다. 주관의 재현과 객관의 재현을 내세우기에 마치 상반된 듯 보이지만 사실 두 관점은 서로 얽혀 있다는 것이다. 이미 풍경에 익숙해진 사람은 주관에 의해 배열된 세계를 벗어나지 못하고, 눈에 보이는 것이 본래적인 세계의 모습이라 믿는다. 풍경의 안에 놓여 있으면서도 풍경의 밖에 서 있다고 믿는 것이다. 고진은 만일 이러한 믿음에서 나온 외부 세계의 모사(模寫)를 리얼리즘이라 부른다면 그것이 곧 전도된 시선에서 비롯된 것임을 알아야 한다고 말한다. 리얼리즘의 본질을 '낯설게 하기'에서 찾는 러시아 형식주의의 견해 또한 마찬가지이다. 너무 익숙해서 실은 보고 있지 않은 것을 보게 만들어야 한다는 이 견해를 따른다면, 리얼리즘은 항상 새로운 풍경을 창출해야 한다. 따라서 리얼리스트는 언제나 '내적 인간'일 수밖에 없다.

물론 자신이 풍경 안에 갇혀 있다는 사실을 자각하는 이가 있을 수도 있다. 작가 나쓰메 소세키는 '문학이란 무엇인가'라는 질문을 던졌을 때, 자신이 참고해 온 문학책들이 자신의 통념을 만들고 강화했을 뿐이라는 사실을 깨닫고는 책들을 전부 가방에 넣어 버렸다. "문학 서적을 읽고 문학이 무엇인가를 알려고 하는 것은 피로 피를 씻는 일이나 마찬가지라고 생각했기 때문"이다. 고진은 소세키야말로 자신이 풍경에 갇혀 있다는 사실을 자각했던 것이라 본다. 일단 고정된 시점이 생기면 그에 포착된 모든 것은 좌표에 따라 배치되며 이윽고 객관적 세계의 형상을 취한다. 이 세계를 의심하기 위해서는 결국 자신의 고정된 시점 자체에 질문을 던지며 회의할 수밖에 없다. 이른바 '풍경 속의 불안'이 시작되는 것이다.

　　그렇다면 만일 선원근법에 의존하지 않는 풍경화, 예컨대 서양의 풍경화가 아닌 동양의 산수화를 고려한다면 고진의 풍경론은 달리 해석될까. 기하학적 투시도법을 따르지 않은 산수화에는 그야말로 자연이 있는 그대로 재현된 것처럼 보이니 말이다. 그러나 산수화의 소나무조차도 화가의 머릿속에 있는 소나무라는 관념을 묘사한 것이지 특정 시공간에 실재하는 소나무가 아니다. 요컨대 질문을 던지며 회의한들 그 외의 방식으로는 세계와 대면하는 방법을 알지 못하기에 막연한 불안이 생기는 사태를 막을 수는 없다. 그럼에도 불구하고 문학을 다루는 사람은 자신의 전도된 시선을 의심하는 일에 게을러서는 안 된다. 전도된 시선의 기만적 구도는 풍경 속의 불안을 느끼는 이들에 의해서만 감지될 수 있다. 이 미묘한 앞뒷면을 동시에 살피려는 시도가 없다면, 우리는 풍경의 발견이라는 상황을 보지 못할 뿐 아니라 단지 풍경의 눈으로 본 문학만을 쓰고 해석하게 될 것이다.

▶ 윗글에 따를 때 고진의 관점에서 〈보기〉에 나타난 최재서의 입장을 해석한 것으로 가장 적절한 것은?

─《 보기 》─

　　최재서는 내면성과 자아의 실험적 표현을 추구하는 이상의 소설을 사실적 묘사라는 관점에서 '리얼리즘의 심화'라고 비평한 바 있다. 이상의 「날개」에는 돈을 사용하는 법도 모르고 친구를 사귀지도 않으며 자신의 작은 방을 벗어나지 않는 주인공이 등장한다. 최재서에 따르면, 자폐적으로 자기 세계에 갇혀 지내는 사내의 심리에 주목한 「날개」는 특정 대상의 내면까지도 '주관의 막을 제거한 카메라'를 들이대어 투명하게 조망한 사례이다. 대상에 따라 관점은 이동할 수 있다는 것, 문학 작품의 해석에 미리 확정된 관점이나 범주란 없다는 것이 최재서의 결론이다.

① 대상에 따라 관점이 이동할 수 있다는 의견은, 고진에게는 작가의 머릿속에 있는 관념이 서양 풍경화의 방식으로 재현되는 것이라 해석되겠군.

② 작품 해석에서 미리 확정된 범주란 없다는 의견은, 고진에게는 주관이 외부를 적극적으로 파악하여 풍경 속의 불안을 벗어난 것이라 해석되겠군.

③ 내면성과 자아의 실험적 표현을 추구하는 작품도 리얼리즘에 속할 수 있다는 의견은, 고진에게는 풍경 안에 갇혀 있음을 자각한 것이라 해석되겠군.

④ 「날개」가 대상의 내면에 '주관의 막을 제거한 카메라'를 들이댔다는 의견은, 고진에게는 주관의 재현과 객관의 재현을 내세우며 대립하는 것이라 해석되겠군.

⑤ 이상이 「날개」에서 자폐적으로 자기 세계에 갇혀 지내는 사내를 그렸다는 의견은, 고진에게는 풍경을 지각하지 못하는 '내적 인간'의 전형을 그린 것이라 해석되겠군.

다음 글을 읽고 물음에 답하시오.

법을 해석할 때 반드시 그 문언에 엄격히 구속되어야 하는가를 놓고 오랫동안 논란이 있어 왔다. 한편에서는 법의 제정과 해석이 구별되어야 함을 이유로 이를 긍정하지만, 다른 한편에서는 애초에 법의 제정 자체가 완벽할 수 없는 이상, 사안에 따라서는 문언에 구애되지 않는 편이 더 바람직하다고 본다.

전통적인 법학방법론은 이 문제를 법률 문언의 한계 내에서 이루어지는 해석 외에 '법률의 문언을 넘은 해석'이나 '법률의 문언에 반하는 해석'을 인정할지 여부와 관련지어 다루고 있다. 학설에 따라서는 이들을 각각 '법률내재적 법형성'과 '초법률적 법형성'이라 부르며, 전자를 특정 법률의 본래적 구상 범위 내에서 흠결 보충을 위해 시도되는 것으로, 후자를 전체 법질서 및 그 지도 원리의 관점에서 수행되는 것으로 파악하기도 한다. 하지만 이러한 설명이 완전히 만족스러운 것은 아니다. 형식상 드러나지 않는 법률적 결함에 대처하는 것도 일견 흠결 보충이라 할 수 있지만, 이는 또한 법률이 제시하는 결론을 전체 법질서의 입장에서 뒤집는 것과 별반 다르지 않기 때문이다.

한편 종래 법철학적 논의에서는 문언을 이루고 있는 언어의 불확정성에 주목하는 경향이 두드러졌다. 단어는 언어적으로 확정적인 의미의 중심부와 불확정적인 의미의 주변부를 지니며, 중심부의 사안에서는 문언에 엄격히 구속되어야 하지만 주변부의 사안에서는 해석자의 재량이 인정될 수밖에 없다고 보는 견해가 대표적이다. 가령 ㉠주택가에서 야생동물을 길러서는 안 된다는 규칙이 있을 때, 초원의 사자가 '야생동물'에 해당한다는 점에 대해서는 의문이 없지만, 들개나 길고양이, 혹은 여러 종류의 야생동물의 유전자를 조합하여 실험실에서 창조한 동물이 그에 해당하는지는 판단하기 어렵기 때문에 결국 해석자가 재량껏 결정해야 한다는 것이다.

[A]　그러나 이러한 견해에 대해서는 주변부의 사안을 해석자의 재량에 맡기기보다는 규칙의 목적에 구속되게 해야 할 뿐 아니라, 심지어 중심부의 사안에서조차 규칙의 목적에 대한 조회 없이는 문언이 해석자를 온전히 구속할 수 없다는 반론이 제기되고 있다. 인근에서 잡힌 희귀한 개구리를 연구·보호하기 위해 발견 장소와 가장 유사한 환경의 주택가 시설에 둘 수 있을까? 이를 긍정하는 경우에도 그러한 개구리가 의미상 '야생동물'에 해당한다는 점 자체를 부인할 수는 없을 것이다.

최근에는 기존의 법학방법론적 논의와 법철학적 논의를 하나의 연결된 구성으로 제시함으로써 각각의 논의에서 드러났던 난점을 극복하려는 시도가 이루어지고 있다. 이에 따르면 문언이 합당한 답을 제공하는 표준적 사안 외에 아무런 답을 제공하지 않는 사안이나 부적절한 답을 제공하는 사안도 있을 수 있는데, 이들이 바로 각각 문언을 넘은 해석과 문언에 반하는 해석이 시도되는 경우라 할 수 있다. 양자는 모두 이른바 판단하기 어려운 사안이라는 점에서는 공통적이지만, 전자를 판단하기 어려운 까닭은 문언의 언어적 불확정성에 기인하는 것인 반면, 후자는 문언이 언어적 확정성을 갖추었음에도 불구하고 그것이 제공하는 답을 올바른 것으로 받아들일 수 없어 보이는 탓에 판단하기 어려운 것이라는 점에서 서로 구별되어야 한다.

그렇다면 판단하기 어려운 사안에서는 더 이상 문언을 신경 쓰지 않아도 되는 것일까? 그렇지는 않다. 문언이 답을 제공하지 않기 때문에 해석을 통한 보충이 필요한 경우라 하더라도 규칙의 언어 그 자체가 해석자로 하여금 규칙의 목적을 가늠하도록 인도해 줄 수 있으며, 문언이 제공하는 답이 부적절하고 어리석게 느껴질 경우라 하더라도 그러한 평가 자체가 어디까지나 해석자의 주관이라는 한계 속에서 이루어지는 것임을 부정할 수 없기 때문이다. 뻔히 부적절한 결과가 예상되는 경우에도 문언에 구속될 것을 요구하는 것은 일견 합리적이지 않아 보일 수 있다. 그럼에도 불구하고 문언을 강조하는 입장은 '재량'이 연상시키는 '사람의 지배'에 대한 우려와, 민주주의의 본질에 대한 성찰을 배경으로 하는 것임을 이해할 필요가 있다. 법률은 시민의 대표들이 지난한 타협의 과정 끝에 도출해 낸 결과물이다. 엄밀히 말해 오로지 법률의 문언 그 자체만이 민주적으로 결정된 것이며, 그 너머의 것에 대해서는, 심지어 입법 의도나 법률의 목적이라 해도 동등한 권위를 인정할 수 없다. 이러한 입장에서는 법률 적용의 결과가 부적절한지 여부보다 그것이 부적절하다고 결정할 수 있는 권한을 특정인에게 부여할 것인지 여부가 더 중요한 문제일 수 있다. 요컨대 해석자에게 그러한 권한을 부여하는 것이 바람직하지 않다고 생각하는 한, 비록 부적절한 결과가 예상되는 경우라 하더라도 여전히 문언에 구속될 것을 요구하는 편이 오히려 합리적일 수도 있는 것이다.

▶ **[A]의 입장에서 ㉠을 해석한 것으로 가장 적절한 것은?**

① 규칙의 목적이 야생의 생물 다양성을 보존하기 위한 것이라면, 멸종 위기 품종의 길고양이를 입양하는 것이 허용될 것이다.

② 야성을 잃어버린 채 평생을 사람과 함께 산 사자가 '야생동물'의 언어적 의미에 부합한다면, 그것을 기르는 것도 허용되지 않을 것이다.

③ 규칙의 목적이 주민의 안전을 확보하는 것이라면, 길들여지지 않는 야수의 공격성을 지닌 들개를 기르는 것이 금지될 수도 있을 것이다.

④ 인근에서 잡힌 희귀한 개구리를 관상용으로 키우는 것이 허용되었다면, '야생동물'의 언어적 의미를 주거에 두고 감상하기에 적합하지 않은 동물로 한정했을 것이다.

⑤ 여러 종류의 야생동물의 유전자를 조합하여 실험실에서 창조한 동물을 기르는 것이 금지되었다면, '야생동물'의 언어적 의미를 자연에서 태어나 살아가는 동물로 한정했을 것이다.

다음 글을 읽고 물음에 답하시오.

68혁명 이후 구조에서 차이로, 착취에서 자유나 배제로 문제 설정이 변화하고, 신자유주의적 반(反)정치의 경향이 강화되었던 1980년대에 르포르 는 '정치적인 것'의 활성화를 제기하였다. 그에 앞서 아렌트가 고대 아테네의 시민적 덕성의 복원을 통한 정치적인 것의 활성화를 제기했다면, 르포르는 근대 민주주의 자체의 긴장에 주목하면서 '인권의 정치'를 통한 정치적인 것의 부활을 시도하였다. 그는 인권을 공적 공간의 구성 요소로 파악하면서 개인에 내재된 자연권으로 보거나 개인의 이해관계에 기반한 소유권적 관점에서 파악하려는 자유주의적 입장을 거부한다. 르포르는 자유주의가 인간의 권리를 개인의 권리로 환원시킴으로써 사회적 실체에 접근하지 못하고, 결국 민주주의를 개인과 국가의 표상관계를 통해 개인들의 이익의 총합으로서 국가의 단일성을 확보하기 위한 수단으로 볼 뿐이라고 비판한다.

르포르는 1789년 「인권선언」의 조항들이 '개인적 자유'보다 '관계의 자유'를 의미한다고 본다. 선언의 제4조에서 언급한 '타인에게 해를 끼치지 않는 모든 것을 할 수 있는 자유'는 사회적 공간이 권력에 대해 권리들의 자율성을 향유한다는 의미이자, 어떤 것도 그 공간을 지배할 수 없다는 의미이다. 그리고 제11조에서 언급한 '생각과 의견의 자유로운 소통의 자유' 역시 근대 사회의 시민이 자신의 생명과 재산에 대한 위협을 느끼지 않고 의견을 표현할 수 있는 권리를 의미한다. 르포르는 이러한 권리가 개인과 개인의 존엄성에 대한 보호라기보다는 개인들끼리의 공존 형태특히 권력의 전능으로 인해 인간 간의 관계가 침탈될 우려에서 비롯된 특정한 공존 형태에 대한 정치적 개념이라고 본다.

르포르는 권리와 권력의 관계에 주목한다. 18세기에 형성된 인간의 권리는 사회 위에 군림하는 권력의 표상을 붕괴시키는 자유의 요구로부터 출현했다. 근대에 '인간의 권리'는 '시민의 권리'로서 존재해 왔다. 인간은 특정 국민국가의 성원으로서 국가권력에 의해 인정될 때, 즉 이방인이었던 아렌트가 포착했던 '권리들을 가질 수 있는 권리'가 전제될 때 비로소 권리를 향유할 수 있다. 하지만 르포르가 제기하는 것은 권력이 권리에 순응해야 한다는 점이다. 특히 저항권은 시민 고유의 것이지 결코 국가에게 그것의 보장을 요구할 수 없는 것이다. 그것은 권력에 대한 권리의 선차성이며, 권력이 권리에 어떤 영향도 미칠 수 없다는 것을 의미한다.

하지만 그의 비판자들은 권리가 권력을 통해서만 존재해 온 역사를 르포르가 간과하고 있다고 지적한다. 인권의 정치를 통한 권리의 확장은 권력의 동시적인 확장, 나아가 전체주의적 권력의 등장을 가져올 수 있다는 것이다. 근대 민주주의의 속성인 인민과 대표의 동일시에 따른 대표의 절대화를 통해 '하나로서의 인민'과 '사회적인 것의 총체로서의 당'에 대한 표상의 일치, 당과 국가의 일치, 결국 '일인' 통치로 귀결된 전체주의가 그 예라고 르포르를 비판한다.

물론 르포르도 새로운 권리의 발생이 국가권력을 강화시킬 수 있음을 인정한다. 따라서 국가권력에 대한 제어와 감시가 필요하며, 억압에 대한 저항으로서 정치적 자유가 강조된다. 공적 영역에서 실현되는 정치적 자유는, 시민들의 관계를 표현하는 장치이자 권력에 대한 통제 수단으로서 정치적인 것의 활성화를 통해 공론장과 같은 민주적 공간을 구성한다. 그러한 민주적 공간을 구성하는 권리로부터 법률이 형성된다. 따라서 권리의 근원은 그 누구에 의해서도 독점되지 않는 권력이어야 한다. 국가권력은 상징적으로는 단일하지만 실제적으로는 민주적으로 공유되어야 함에도, 이를 오해한 것이 전체주의이다.

결국 르포르는 권력이 제어할 수 있는 틀을 넘어 쟁의가 발생하는 장소로서 민주주의 국가를 제시함으로써 법이 인정하는 한에서 권리를 사유하는 자유주의적 법치국가의 한계를 넘어서고자 하며, 역사적으로 다양한 권리들이 권력이 정한 경계를 넘어서 생성되어 왔다는 점을 강조한다. 이때 인권의 정치는 차별과 배제에 대한 저항과 새로운 주체들의 자유를 위한 무기가 된다. 나아가 '권리들을 가질 수 있는 권리'라는 관념은 인간의 권리의 실현 조건으로서 국가권력이라는 틀 자체를 거부하면서, 자신이 거주하는 곳에서 권리의 실현을 요구하는 급진적 흐름으로서 세계시민주의의 가능성을 보여준다.

▶ 르포르 와 〈보기〉의 푸코 를 비교한 것으로 가장 적절한 것은?

─《 보기 》─

푸코 는 개인의 삶 자체가 위험이라는 인식하에서 국가가 출생에서 죽음에 이르기까지의 개인의 삶 전체를 관리하는 '생명관리권력의 시대'가 등장하였다고 주장한다. 근대에 개인의 권리의 확대는 개인을 위험으로부터 보호하려는 문제의식에서 비롯되었지만, 그것은 동시에 국가가 더 깊이 개인의 삶에 침투하는 권력으로 전환되는 역설을 낳았다. 개인이 권력의 시선, 즉 규율을 내면화함으로써 권력이 만들어 낸 주체가 되어간다는 점에서, 근대의 자율적 주체는 사라져 버렸다. 푸코는 개인에 대한 억압을 강조했던 기존의 권력 관념을 대신하여 국가권력이 생산적 권력임을 강조한다.

① 르포르는 권리에 대한 권력의 종속을 비판했다면, 푸코는 개인의 삶에 침투하는 권력의 특성에 주목했다.

② 르포르는 인권의 정치를 통해 민주주의의 확장을 주장했다면, 푸코는 권리에 대한 요구를 통해 권력을 제한하려 했다.

③ 르포르는 권리의 확장이 가져올 수 있는 권력의 비대화 및 독점화를 우려했다면, 푸코는 자율적 주체에 의한 권리의 확장을 주장했다.

④ 르포르는 권력이 설정한 경계를 넘어 권리의 주체를 형성할 것을 주장했다면, 푸코는 국가권력이 권력의 시선을 내면화하는 주체를 생산하고 관리한다는 점에 주목했다.

⑤ 르포르는 전체주의가 될 위험에서 벗어나기 위한 해결책을 근대 민주주의 내에서 찾으려 했다면, 푸코는 권력으로부터 개인의 안전을 확보하기 위한 해결책을 권력 내에서 찾으려 했다.

다음 글을 읽고 물음에 답하시오.

　　1965년 제미니 4호 우주선은 지구 주위를 도는 궤도에서 최초의 우주 랑데부를 시도했다. 궤도에 진입하여 중력만으로 운동 중이던 우주선은 같은 궤도상 전방에 있는 타이탄 로켓과 랑데부하기 위해 접근하고자 했다. 조종사는 속력을 높이기 위해 우주선을 목표물에 향하게 하고 후방 노즐을 통하여 일시적으로 연료를 분사하였다. 하지만 이 후방 분사를 반복할수록 목표물과의 거리는 점점 더 멀어졌고 연료만 소모하자 랑데부 시도를 포기했다.

　　연료를 분사하면 우주선은 분사 방향의 반대쪽으로 추진력을 받는다. 이는 뉴턴의 제3법칙인 '두 물체가 서로에게 작용하는 힘은 항상 크기가 같고, 방향은 반대이다.'로 설명할 수 있다. 질량이 큰 바위를 밀면, 내가 바위를 미는 힘이 작용이고, 바위가 나를 반대 방향으로 미는 힘이 반작용이다. 똑같은 크기의 힘을 주고받았는데 내 몸만 움직이는 이유는 뉴턴의 제2법칙인 '같은 크기의 힘을 물체에 가했을 때, 물체의 질량과 가속도는 반비례한다.'로 설명할 수 있다. 연료를 연소해 기체를 분사하는 힘은 작용이고, 그 반대 방향으로 우주선에 작용하는 추진력은 반작용이다. 우주선에 비해 연료 기체의 질량은 작더라도 연료 기체를 고속 분사하면 우주선은 충분한 가속도를 얻는다.

　　지구 궤도를 도는 우주선은 우주에 자유롭게 떠 있는 것 같지만, 기체 분사에 의한 힘 외에 중력이 작용하고 있어서 그 영향을 고려해야 한다. 우주선은 지구의 중력을 받으며 원 또는 타원 궤도를 빠르게 돈다. 이때 궤도를 한 바퀴 도는 데 걸리는 시간인 주기는 궤도의 지름이 클수록 더 길다. 우주선은 속력과 관련된 운동 에너지(K)와 중력에 관련된 중력 위치 에너지(U)를 가진다.

$$K = \frac{1}{2}mv^2, \quad U = -\frac{GMm}{r}.$$

G : 만유인력 상수,　　　M : 지구의 질량,　　　m : 우주선의 질량,

r : 지구중심과 우주선의 거리,　　　　　　v : 우주선의 속력.

　　운동 에너지는 우주선 속력의 제곱에 비례한다. 우주선의 중력 위치 에너지는 우주선이 지구에서 무한대 거리에 있으면 0으로 정의되고, 지구에 가까워지면 그 값은 작아지므로 음수이다. 즉, 우주선이 지구에 가까울수록 중력 위치 에너지는 작아지고, 멀수록 중력 위치 에너지는 커진다. 운동 에너지와 중력 위치 에너지의 합인 역학적 에너지(E)는 $E = K + U$로 표현된다. 지구의 중력만 작용할 때, 궤도 운동하는 우주선의 역학적 에너지는 크기가 일정하게 보존된다. 역학적 에너지가 보존될 때, 궤도 운동하는 우주선이 지구 중심에서 멀어지면 속력이 느려지고 가까워지면 속력이 빠르게 된다. 또한 원 궤도

에서 작용하는 중력의 크기가 클수록 속력이 빨라진다. 우주선의 궤도는 연료 분사로 속력을 조절해 〈그림〉과 같이 바뀔 수 있다. 우주선이 운동하는 방향을 전방, 반대 방향을 후방이라 하자. 〈그림〉의 원 궤도에 있는 우주선이 궤도의 접선 방향으로 후방 분사하여 운동 에너지를 증가시키면, 그만큼 역학적 에너지도 증가하여 우주선은 기존의 원 궤도보다 지구로부터 더 멀리 도달할 수 있는 〈그림〉의 큰 타원 궤도로 진입한다. 하지만 전방 분사하면, 운동 에너지가 감소하고 〈그림〉의 작은 타원 궤도로 진입하여 우주선은 기존보다 지구에 더 가까워진다.

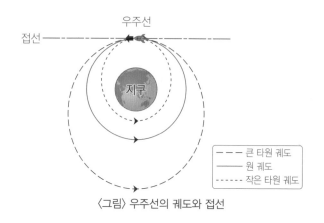

〈그림〉 우주선의 궤도와 접선

목표물과 우주선이 같은 원 궤도에서 같은 방향으로 운동할 때, 목표물이 전방에 있는 경우, 우주선이 후방 분사를 하면 궤도의 접선 방향으로 우주선의 속력이 빨라져서 큰 타원 궤도로 진입하게 된다. 따라서 분사가 끝나면, 속력이 주기적으로 변화하고 목표물과의 거리가 더 멀어진다. 반대로, 목표물이 후방에 있는 경우 전방 분사를 하면 〈그림〉의 작은 타원 궤도로 진입한 우주선의 속력은 원 궤도에서보다 더 느려진 진입 속력과 더 빨라진 최대 속력 사이에서 변화한다. 이때 목표물과의 거리는 더 멀어진다.

랑데부에 성공하려면 우주선을 우리의 직관과 반대로 조종해야 한다. 우주선과 목표물이 같은 원 궤도에서 같은 운동 방향일 때 목표물이 전방에 있다고 하자. 이때 우주선이 일시적으로 전방 분사하면 속력이 느려지고, 기존보다 더 작은 타원 궤도로 진입해서 목표물보다 더 빠른 속력으로 운동할 수 있다. 하지만 궤도가 달라서, 진입한 타원 궤도의 주기가 기존 원 궤도의 주기보다 더 짧다는 것을 이용하여 한 주기 혹은 여러 주기 후 같은 위치에서 만나도록 속력을 조절한다. 목표물보다 낮은 위치에서 충분히 가까워지면, 우주선이 접근하여 랑데부한다.

▶ 윗글을 바탕으로 〈보기〉를 이해할 때, 적절하지 <u>않은</u> 것은?

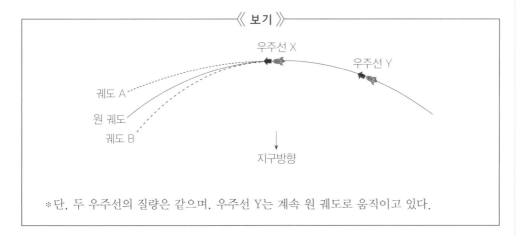

《 보기 》

*단, 두 우주선의 질량은 같으며, 우주선 Y는 계속 원 궤도로 움직이고 있다.

① 전방 분사한 우주선 X가 진입한 궤도에서 가지는 최대 운동 에너지는 우주선 Y보다 더 크다.

② 우주선 X는 궤도 A에서의 최소 중력 위치 에너지가 궤도 B에서의 최소 중력 위치 에너지보다 크다.

③ 후방 분사한 이후의 우주선 X의 중력 위치 에너지의 최솟값은 우주선 Y의 중력 위치 에너지와 같다.

④ 우주선 X가 궤도 A로 진입한 경우, 지구를 한 바퀴 도는 동안 우주선 Y와 같은 운동 에너지를 가지는 궤도상의 지점은 하나이다.

⑤ 우주선 X와 우주선 Y의 가능한 거리 중 최댓값은 우주선 X가 궤도 B로 진입한 경우가 궤도 A로 진입한 경우보다 작다.

논술

논술 문항의 성격과 특징

기출예제 및 해설

논술 문항의 성격과 특징

논술 문항의 성격

논술 영역은 지식이나 정보를 분석하고 종합하는 비판적 사고력과 이러한 사고의 내용을 체계적이고 정확하게 표현하는 능력을 측정한다. 더 나아가 논술 영역은 수험생이 세계와 사회에 대하여 갖고 있는 지성적·윤리적 관심의 폭과 깊이를 파악하는 자료로도 활용된다. 법률가에게는 합리적 판단을 하기 위한 법적 추론의 능력과 그것을 설득력 있게 표현하는 능력이 요구된다. 논술 문항은 이러한 능력을 검증하기 위해 적절하다고 판단되는 논제를 제시하고 인문·사회·과학기술·규범 등 다양한 분야의 텍스트를 통해 문제 상황을 해석하는 능력(분석 능력)을 점검하고, 그 해석을 바탕으로 제한된 시간과 분량 내에서 자신의 생각을 완결된 한 편의 글로 작성하는 능력(구성 능력)을 평가할 수 있도록 출제한다.

텍스트를 분석하고 이해하는 분석 능력에는 주어진 논제의 의도와 그것이 요구하는 과제의 성격을 정확히 파악할 수 있는 능력(논제 분석), 주어진 제시문을 이해하고 그것이 조직되어 있는 방식을 발견해 내는 능력(제시문 분석)이 포함된다. 또한 사고를 구성하여 글로 완성하는 구성 능력에는 논리적으로 사고를 구성하는 능력(논증), 타당한 근거를 바탕으로 한 평가 및 판단 능력(비판), 심층적이고 독창적으로 논의를 전개해 나가는 능력(전개), 적절한 언어를 사용하여 글로 표현하는 능력(표현)이 포함된다.

법학전문대학원협의회는 2016년 12월에 발표한 법학적성시험 개선 계획에 따라 2018학년도(2017년 시행) 시험에서는 논술 영역 전체 2문항 중 1문항을 사례형으로 출제하였고, 2019학년도(2018년 시행) 시험부터는 2문항 모두 사례형으로 출제하고 있다. '사례형' 유형이란 주어진 사례의 문제 상황을 해결하는 방안과 그 논거를 논리적으로 구성하고, 이를 설득력 있게 표현할 수 있는지를 평가하는 문항 유형이다. 기존 논술 영역 문항이 다소 긴 제시문에 대한 깊이 있

▌ 내용 및 평가 영역

평가 영역 내용 영역	분석		구성			
인문 사회 과학기술 규범 등	논제 분석	제시문 분석	논증	비판	전개	표현

는 이해가 필수적으로 요구되었던 것에 비해, 사례형 유형에서는 제시문의 길이가 줄어들고 독해 능력보다 사고를 논리적으로 표현하는 능력의 평가에 초점을 둔다.

논술 문항의 특징

사례형 논술 문항에서는 문제해결이 요구되는 상황인 사례가 제시된다. 사례는 실제 사건에 기초한 것일 수도 있고, 가상의 것일 수도 있다. 관련된 원칙이나 자료, 일반적인 이론적 견해 등이 제공될 수 있다. 논술 문항에서 측정하고자 하는 것은 문제 상황을 논리적으로 해결하는 능력, 즉 문제 상황과 관련된 자신의 주장을 적절한 근거를 제시하며 설득력 있게 표현하는 논증적 글쓰기 능력이다. 그렇다고 해서 법조 실무에서 흔히 사용되는 특정한 양식의 글쓰기를 요구하는 것은 아니며, 글쓰기에 대한 구체적인 요구 사항은 문항에 따라 달라질 수 있다.

기존 시험에서도 문항에 사례가 등장하는 경우는 있었으나, 앞서 언급한 것과 같이 사례와 함께 나오는 긴 제시문에 대한 깊이 있는 이해가 필수적으로 요구되었다는 점에서 독해 능력보다 사고를 논리적으로 표현하는 능력 평가에 중점을 두는 현재의 사례형 문항과는 차이가 있다. 다만 사례형 문항 출제에 세부 기준이 있다거나 세부 유형으로 분류되어 있는 것은 아니므로 향후 출제되는 문항의 형태는 무궁무진할 것이다.

〈사례〉를 읽고 병이나 정의 주장 중 하나를 택하여 〈조건〉에 따라 주장을 완성하시오.
(900~1200자, 50점)

〈 조건 〉

1. 병의 주장을 택할 경우
   가. 제시되어 있는 병의 주장을 먼저 요약할 것
   나. 을의 입장을 반박하고 갑의 입장을 강화하는 새로운 논거를 제시할 것
2. 정의 주장을 택할 경우
   가. 제시되어 있는 정의 주장을 먼저 요약할 것
   나. 갑의 입장을 반박하고 을의 입장을 강화하는 새로운 논거를 제시할 것

《 사례 》

30년 이상 대학 교수 등으로 활동하여 온 저명한 미술가 갑은 특히 대중에게 개방된 장소에 전시하는 벽화 제작에 특별한 관심을 가지고 작품 활동을 해 왔다. 국가 기관인 을은 대중들이 많이 왕래하는 도심 한가운데에 시민들을 위한 가족 공원을 조성하면서 갑에게 공공장소의 이미지에 맞는 벽화 제작을 의뢰하였다. 갑과 을은 남자아이가 아버지, 할아버지와 함께 뛰어가는 모습을 표현한 미술품을 제작하여 설치하는 내용의 계약을 체결하였고, 이 계약은 을이 실시한 외부 인사를 통한 사전 검사를 통과하였다. 이에 따라 갑은 가족 공원의 담벼락과 기둥에 폭 2.8m, 길이 20m가량의 벽화를 제작하여 설치하였다. 갑은 가족 공원이 완성됨에 따라 제작 대금을 모두 받았으며 벽화의 소유권은 을에 넘어갔다. 그런데 1년 후 을은 벽화의 등장인물이 모두 남자라서 가족 공원의 이미지에 맞지 않는다는 이유로 철거하기로 결정하였다. 을은 갑에게 사전 협의나 동의를 구하지 않은 채 임의로 벽화에 물을 분사하여 원래의 규격보다 작게 절단한 후 벽체에서 분리하는 방법으로 철거를 완료하였으며, 그 과정에서 벽화를 크게 손상시켰다. 그 후 을은 벽화를 가족 공원의 어느 공간에 방치하다가 인근 공터에서 소각하였다.

문학이나 음악 등 보통의 작품은 책이나 음반 등 복제물의 형태로 유통되므로, 그러한 복제본을 파손 또는 폐기하더라도 그것은 소유하는 자의 권리에 해당할 뿐 특별히 창작자의 이익을 해치지 않는다. 그러나 원본을 특정 장소에 전시하는 것 자체가 큰 의미가 있는 미술 작품의 경우에는 소유자가 창작자의 동의 없이 이를 훼손, 철거 또는 폐기할 수 있는가에 관해 의견이 대립한다.

《 입장 》

갑 : 작가는 예술 작품의 종류와 성격 등에 따라 자기의 예술 작품이 공공장소에 전시·보존될 것이라는 점에 관해 창작자로서의 정당한 이익을 가질 수 있다. 이 사안에서는 작품의 종류와 성격, 이용의 목적 및 형태, 작품 설치 장소의 개방성과 공공성의 정도, 국가가 이를 선정하여 설치하게 된 경위, 폐기의 이유와 폐기 결정에 이른 과정 및 폐기 방법 등을 종합적으로 고려하여 볼 때 국가 기관인 을이 해당 작품을 폐기한 행위는 현저하게 불합리하고 작가로서의 명예 감정 및 사회적 신용과 명성 등을 침해하는 방식으로 이루어졌다. 따라서 을의 벽화 파괴 행위는 헌법이 보장하는 예술의 자유 또는 인격권을 침해하는 행위로서 커다란 정신적 고통을 겪게 하였으므로, 정신적 손해에 대한 배상을 청구할 수 있다.

을 : 소유권의 내용에는 자기가 소유하는 예술 작품을 파괴할 권리도 포함되며, 벽화의 철거, 절단 등은 폐기 과정의 일부일 뿐이다. 또한 갑의 작품 창작 활동에 간섭하거나 작품의 표현 자체를 금지한 적이 없기에 갑의 예술의 자유를 침해하지 않았다. 단순히 갑의 주관적 명예 감정을 침해한 것만으로는 인격권 침해가 되지 않는다. 소유자가 예술 작품을 완전히 파괴하는 경우라면, 일반적으로 그 파괴 행위가 예술가의 이익을 침해한다고 볼 수는 없다. 왜냐하면 통상 자신이 창작한 작품에 대한 소유권을 양도하고 대가를 받은 예술가라면 이후 자기 작품의 운명을 소유자의 손에 맡겼다고 보는 게 타당하기 때문이다. 따라서 취향 변화 등 어떠한 이유로든 미술 작품에 싫증이 났다면 소유자가 해당 작품을 양도·교환·증여하거나, 자신이 거주하는 공간에서 제거하여 자신 또는 다른 사람이 감상하지 못하도록 하는 것이 소유권의 부당한 행사라고 볼 수 없다.

《 주장 》

병 : 예술가는 자기 작품의 동일성 유지와 온전한 보존에 관한 이익이 있다. 왜냐하면 작품에 대한 외부적 평가는 예술가 자신의 사상, 노력, 명성, 명예 등 인격적 이익과 밀접하게 연관되어 있기 때문이다. 또한 문학이나 음악 작품과 달리 미술 작품은 원본이 파괴되면 더 이상 이 세상에 존재하지 않게 되므로 작가는 작품 원본의 소유권을 넘긴 후에도 계속해서 자신의 이익을 보유할 수 있다(…)

정 : 작품의 동일성을 유지한 채 부분적으로 바꾸는 것이 아니라 작품을 완전히 파괴하는 경우에는 해당 작품에 대한 외부적 평가 자체가 사라지기에 병이 주장하는 예술가의 이익이 침해되었다고 보기 힘들다. 또한 원본 작품의 작가가 소유권을 넘긴 후에도 계속 자신의 이익을 주장한다면, 해당 작품의 소유자는 그 보유로 인해 예측할 수 없는 과도한 부담을 갖게 되어 오히려 예술 작품의 원활한 유통이 저해된다. 그 결과 작가의 이익도 침해될 수 있다(…)

1) 출제 배경 및 논제 분석

이 문항에서는 〈사례〉 및 〈입장〉을 제시한 다음, 〈조건〉에 따라 〈주장〉을 완성하도록 하였다. 〈사례〉는 실제 우리 사회에서 문제되었던 사건을 토대로 법적인 지식이 없더라도 충분히 고민해 볼 수 있는 문제로 사안을 구성하였다. 〈입장〉은 사례에 등장하는 당사자들이 자신의 관점에서 제기할 수 있는 내용들로 구성하였다. 〈주장〉은 제3자 혹은 수험생이라면 어떤 근거로 누구의 입장을 지지할 것인가를 상정하였다. 〈조건〉은 이미 제시되어 있는 주장을 요약함과 동시에 기존의 문제들과는 다른 새로운 유형으로 수험생으로 하여금 그 주장의 완성도를 높이기 위한 새로운 논거를 요구하고 있다. 이를 통해 기본적인 논리적 구성력 이외에 이해력 및 창의성까지도 평가할 수 있다.

좀 더 구체적으로 살펴보면, 먼저 〈사례〉는 원본의 이용에 그 의미가 있는 미술저작물의 경우 타인에 의한 위조·변조를 넘어서 해당 작품의 훼손, 철거, 폐기에 이르게 된다면 이로 인해 예술성에 상처를 입은 창작자의 정신적 충격에 대해 고민하는 것을 내용으로 한다. 일반적으로 창작물의 내용이나 형식 및 제호에 대한 무단 변경은 저작권법상의 권능으로 규율할 수 있으며, 훼손이나 철거, 폐기의 문제는 소유권의 권능으로 규율하게 되지만 양자의 이해관계가 충돌하는 경우도 발생한다. 문학이나 음악 등 일반적인 저작물은 책이나 음반 등 복제물의 형태로 유통되므로, 최초판매원칙을 적용하여 배포권을 소멸시킴으로써 저작권과 소유권의 충돌을 조절한다. 그러나 원본에 의한 전시가 큰 의미를 가지는 회화나 조각 등 미술저작물의 경우 소유자에 의한 작품의 훼손이나 철거 및 폐기행위를 막거나 인격적 이익의 침해에 대해 배상받을 수 있는가에 대해서는 논란이 있을 수 있다. 특히 소유자가 국가인 경우 국민의 세금으로 구입한 경제적·문화적 자산을 낭비했다는 점에서 비난가능성이 더 커질 수 있는데 이 문항은 이와 관련한 입장의 차이를 다루고 있다. 그러므로 〈입장〉에서는 관련 당사자의 진술이 극명하게 대립하며, 〈주장〉은 각각 이를 뒷받침하는 논거를 제시하는 것으로 구성된다. 이때 〈조건〉에 따라 수험생은 이미 제시되어 있는 논거 이외에 새로운 논거를 추가함으로써 각자의 주장을 완성하게 된다.

2) 제시문 분석 및 답안 구성

수험생이 제시문에 따라 해결해야 하는 문제는 [요약]과 [새로운 논거 제시]이다.

[요약]은 이미 제시되어 있는 병과 정의 주장의 요점을 정리하는 것인데, 짧은 내용을 다시 요약하는 것이 쉽지는 않겠지만 그대로 되풀이하면 감점요인이 된다. 따라서 핵심을 골라 문장과 단어를 적절히 변형하여 표현하는 능력이 중요하다.

[새로운 논거 제시]는 수험생의 문장 분석력과 논리적 독창성을 평가한다. 수험생은 주어진 〈사례〉와 〈입장〉을 잘 읽고 새로운 논거를 발견하거나 유추 및 창작함으로써 〈주장〉을 완성해야 한다. 이때 제시되는 새로운 논거는 물론 논리적이고 정합성을 갖추어야 한다. 병과 정의 입장에서 새로운 논거로 제시할 수 있는 것들은 다음과 같다.

▌병의 새로운 논거

- 을이 갑에게 사전 협의나 동의를 구했더라면 작품 폐기가 보다 적절한 공권력 행사가 될 수 있었을 것임
- 이 작품은 갑이 독자적으로 만든 것이 아니라 을의 요청과 사전 검사를 통해 만들어진 것임에도 일방적으로 폐기한 것은 갑의 창작 의도와 명예를 훼손한 것으로 볼 수 있음
- 이와 같은 장소 특정적 작품은 해당 장소에서 철거하는 것 자체가 이미 작품의 의미와 완전성을 훼손하는 것이므로 완전히 파괴하는 것과 별개로 창작자의 인격 침해가 발생함
- 특정한 공공장소에 설치된 작품이 일반인들에게 충분히 인식된 상태에서는 창작자로서는 그 작품이 현상 그대로 유지되는 데 대해 큰 기대와 이익을 갖게 됨
- 이 경우 공공적 측면에서도 후대를 위한 문화예술자산으로 유지·보전해야 할 이익이 발생하는데 국민의 세금으로 구입한 경제적·문화적 자산을 낭비

했다는 점에서 비난받아 마땅함
- 특정 예술작품을 국가가 일정한 잣대로 일방적으로 평가하는 것은 예술에 대한 국가의 감독으로 이어져 예술의 자유를 침해할 가능성이 있음
- 을이 해당 작품을 철거 소각할 예정임을 미리 갑에게 알렸다면 갑은 자신의 작품을 보존하기 위하여 다시 매수할 가능성도 부인할 수 없음
  - ※ 우수 논거 ⇒ 소유권 제한의 공공성: 소유권은 절대적으로 제한할 수 없는 권리가 아니므로, 벽화가 설치되어 공공의 이익에 기여하고 있는 경우 철거하기 위해 충분히 여론을 수렴하고 다른 곳에 옮길 방법도 적절히 강구해야 함

▌ 정의 새로운 논거

- 을의 정책 판단이 부적절했다는 지적은 가능하지만 이것이 예술의 자유나 인격권의 침해를 인정하는 근거가 될 수는 없음
- 법적으로 을이 갑에게 작품의 철거에 대한 사전 협의나 동의를 구해야 하는 의무를 부담하고 있지 않음
- 아무리 장소 특정적 작품이라고 해도 영구 존치해야 할 이유나 의무가 없으므로 언젠가는 철거할 수밖에 없음
- 예술의 자유에는 예술작품을 전시해 달라고 요구할 권리는 포함되어 있지 않음
- 을은 단지 작품을 철거했을 뿐 갑의 사회적 평가를 저해하는 어떠한 사실의 적시도 한 바 없음
- 자신이 소유하고 있는 작품을 완전히 폐기하는 경우, 어디에 있는지 혹은 경우에 따라서는 누군지도 모르는 창작자의 허락을 일일이 받아야 하는 것은 우리의 일반적인 사회통념에 맞지 않음
- 자신이 소유하고 있는 작품의 처분에 창작자의 허락을 받아야 하면 미술저작물 보유에 대한 불편함을 가중시켜 미술저작물 시장을 위축시킬 수 있음
  - ※ 우수 논거 ⇒ 우리나라의 예술 환경: 예술을 예술 그 자체로서가 아니라 부의 축적 수단 혹은 세금회피 수단으로 인식하고 있는 사람이 많다면 섣불리 소유권에 제한을 가할 경우, 미술작품의 구입을 꺼려할 수 있으므로

문화재급의 특수한 경우를 제외하고는 소유자의 처분에 맡기는 것이 작품의
매매를 활성화하여 미술작가들에게 오히려 유리할 수 있음

■ 예시 답안 1 ☞ 144쪽
■ 예시 답안 2 ☞ 145쪽

〈사례〉를 읽고 〈조건〉에 따라 논술하시오. (900~1200자, 50점)

조건

1. 두 입장 중 하나를 선택하고 이유를 제시할 것
2. 자신이 선택하지 않은 입장을 반박할 것
3. 〈정관〉을 활용하여 논변할 것
4. 〈정관〉을 활용할 때는 '정관-가', '정관-나'와 같은 방식으로 명시할 것

《 사례 》

A는 지속 가능한 사회적 이익을 추구하는 협동조합* 형태의 기업이다. A는 이러한 목표를 실현하기 위한 여러 규칙과 절차를 협동조합 정관에 규정하고 있다.

그런데 최근 기업 환경이 급변하고 이러한 변화에 A가 제때에 대응하지 못함으로써 재정 적자가 지속되는 문제가 발생하였다. 다수의 조합원들은 이에 대응하고자 정관 개정안을 발의하였다. 정관 개정안은 A의 목표로 이윤 추구의 원리를 새롭게 추가하고, 긴급한 사유가 있는 경우 경영진에게 정관이 정한 규칙 및 절차 준수 의무를 면제할 수 있도록 하였다. 또한 기업 환경에 적극 대응할 수 있도록 이사장의 권한을 강화하고 감사의 권한은 대폭 축소하였다.

그러나 소수의 조합원들은 이러한 정관 개정안은 A의 존재 이유를 부정하는 것일 뿐만 아니라, A가 지속 가능하게 발전하는 데 필요한 규칙 및 절차를 훼손하는 것이기에 허용될 수 없다고 반대한다. 또한 정관 개정안은 권한 배분의 취지를 약화시켜 이사장의 전횡을 막을 수 없다고 한다.

이에 정관 개정을 지지하는 다수의 조합원들은 A 역시 기업으로서 수익을 창출해야 한다고 반박한다. 또한 협동조합의 운영은 다수결 원리에 따라 이루어지는 것이므로, 다수의 조합원들이 정관을 개정하여 권한 배분의 취지를 완화하고자 한다면 이는 허용될 수밖에 없다고 한다.

* 협동조합: 재화 또는 용역의 구매·생산·판매·제공 등을 협동으로 영위함으로써 조합원의 권익을 향상하고 지역 사회에 공헌하고자 하는 사업조직.

《정관: 현 정관의 주요내용》

가) A는 조합원의 권익을 향상하고 지역 사회에 공헌하는 것을 목적으로 한다.

나) A는 모든 조합원의 자유롭고 평등한 민주적 참여와 결정으로 운영된다.

다) A의 의사결정 방식은 다수결 원리를 따른다.

라) A의 운영은 정관이 정한 규칙 및 절차에 구속된다.

마) 조합원은 정관 개정안을 직접 발의하여 이를 조합원 투표에 부칠 수 있다.

바) A의 조합원총회, 이사회, 감사의 기능과 권한은 분리된다.

사) A의 중요 사항을 결정하기 위하여 조합원총회를 소집할 수 있다. 조합원총회 소집은 총회 7일 전까지 서면으로 통지한다.

아) 이사회는 A의 경영을 담당한다. 이사회에는 이사장을 둔다. 이사장은 A를 대표한다.

자) 감사는 이사회의 결정에 대해 사전 및 사후 감사를 할 수 있다. 특별한 경우 감사는 조합원총회에 이사 또는 이사장의 해임을 건의할 수 있다.

차) 지속 가능하고 투명한 경영 실현을 위하여 감사의 독립성과 신분은 보장된다.

1) 출제 배경 및 논제 분석

이 문항은 〈사례〉에서 제시된 대립하는 두 가지 입장 중 하나의 입장을 선택하고 〈정관〉을 활용하여 자신의 입장을 논변하며, 나아가 선택하지 않은 입장을 어떻게 반박하는지를 평가하도록 구성되어 있다.

이를 통해 다음과 같은 능력을 평가하고자 한다.

첫째, 〈사례〉에서 어떤 쟁점이 문제되는지를 분석하는 능력이다.

둘째, 대립하는 두 가지 입장의 의미 및 이에 내재되어 있는 원리를 파악하는 능력이다.

셋째, 주어진 〈정관〉의 조항을 자신의 주장을 뒷받침하거나 반대 입장을 반박하는 자료로 적절하게 활용하는 능력이다.

넷째, 〈사례〉를 다양한 관점에서 분석하여 일관성 있고 종합적으로 자신의 입장을 논변하는 능력이다.

구체적인 사안에서 쟁점을 정확하게 파악하여 일관된 논리로 주장을 전개하고 상대방의 주장을 반박하여 자신이 선택한 입장의 논거를 강화하며 법령을 적용하여 문제를 해결하는 능력은 법률가에게 필수적으로 요구되는 능력이므로, 이러한 점을 고려하여 수험생의 법학 적성을 측정하고자 의도한 것이라고 할 수 있다.

2) 제시문 분석 및 답안 구성

이 문항은 〈조건〉, 〈사례〉, 〈정관: 현 정관의 주요내용〉으로 구성된다.

〈사례〉에서는 재정 적자가 지속되어 심각한 위기 상황에 처한 협동조합 A의 정관 개정안을 둘러싸고 두 가지 입장이 대립하고 있다.

정관 개정안은 다수 조합원이 A의 재정적자 상황을 해결하고자 발의한 것으로서, (1) A의 목표로 이윤 추구의 원리를 새롭게 추가하고 (2) 긴급한 사유가 있는 경우 경영진의 규칙 및 절차 준수 의무를 면제할 수 있도록 하고 (3) 이사장의 권한을 강화하고 (4) 감사의 권한을 대폭 축소하는 내용을 담고 있다. 소수 조합원은 이러한 정관 개정안은 A의 존재 이유에 반하고 지속 가능한 발전을 저해할 뿐만 아니라 권한 배분의 취지를 약화하여 이사장의 전횡을 막을 수 없다고 주장하면서 정관 개정을 반대한다. 이에 대해 다수 조합원은 다수 의사의 합치가 있다는 점, 수익 창출을 위해 필요하다는 점을 들어 정관 개정안을 지지한다.

수험생은 〈사례〉의 분석을 통해 대립하는 두 가지 입장이 어떠한 원리와 근거에 입각하고 있는지 파악하여 논지를 펼쳐야 하며, 반대 입장에서 주장할 만한 논거를 예상하여 반박해야 한다. 이 과정에서 제시된 〈정관〉의 조항들을 활용해야 한다.

〈사례〉에서 정관 개정안을 발의한 다수 조합원은 민주주의적 관점에서 조합원의 자율적이고 민주적인 합의에 따른 의사결정을 중요시한다. 반면 소수 조합원은 절차를 중시하는 관점에서 규칙 및 절차 준수와 권한 배분의 취지는 다수결로도 제한할 수 없는 중대한 것으로 파악한다. 또한 다수 조합원은 효율성, 수익성, 유연한 경영 등을 추구하는 반면 소수 조합원은 지속 가능성, 투명성, 법적 안정성 등을 추구하고 있는 점 역시 〈사례〉에서 도출해 낼 수 있다. 수험생은 이와 같은 사항을 자신의 주장을 뒷받침하는 논거로 사용할 수 있다.

조합원의 민주적 참여와 다수결의 원리 등을 규정한 정관-나, 정관-다, 정관-마 등은 다수 조합원의 주장을 강화하기 위한 근거로 활용될 수 있다. 적법 절차 및 권한 배분의 내용을 규정한 정관-라, 정관-바, 정관-차 등은 정관 개정안에서 삭제 혹은 개정이 불가피한데, 이들 조항의 중요성을 들어 정관 개정안을 반대하는 논거로 제시할 수 있을 것이다. 다만 〈정관〉의 조항은 경우에 따라 다양하게 해석될 수 있어 제시하는 근거가 논리적으로 타당하고 사회일반 상식에 어긋나지 않는다면 좋은 평가를 받을 수 있다.

■ 예시 답안 1 ☞ 146쪽
■ 예시 답안 2 ☞ 147쪽

〈사례〉에서 나타난 문제점을 분석하고 〈규제 형식〉 중 하나를 선택하여 〈조건〉에 따라
〈사례〉를 해결하시오. (900~1200자, 50점)

〈 조건 〉

1. 자신이 선택한 〈규제 형식〉을 두 〈사례〉에 일관되게 적용할 것
2. 자신이 선택하지 않은 〈규제 형식〉을 반박할 것
3. 〈규제 지침〉을 활용하여 논변할 것
4. 〈규제 지침〉을 활용할 때는 ㉮, ㉯, ㉰와 같은 방식으로 표시할 것

《 사례 》

〈사례 1〉

최근 개나 고양이 이외에도 파충류나 야생 포유류 등 다양한 동물을 키우는 사람이 늘
고 있다. 그러나 관련 법은 국제적 멸종 위기종에 해당하는 동물을 개인이 키우는 것을 금
지할 뿐 그 밖의 동물을 개인이 키우거나 거래하는 것에 별도의 규제를 마련하고 있지 않
다. 이로 인해 멸종 위기종에 해당하지 않는 뱀, 거북이, 악어, 북극여우 등과 같은 야생
동물이 인터넷에서 제한 없이 거래되고 있다. 이에 동물 보호 단체 P는 충분한 정보나 지
식 없이 개인이 야생동물을 키우게 되면 공중 보건 위해, 질병 및 상해 위험, 생태계 위협
등 각종 문제가 발생할 수 있을 뿐만 아니라, 해당 동물의 건강과 복지에도 나쁜 영향을
미칠 수 있다고 경고한다. 실제로 외국에서는 키우던 뱀의 공격을 받아 사망한 사고도 있
었음을 강조한다. P는 보건 당국이 지정한 동물만을 개인이 반려 동물로 키울 수 있도록
법으로 규제해야 한다고 주장한다.

〈사례 2〉

스타트업(start-up) 기업 Q는 이용자가 현재 있는 곳에서 가까운 주차장의 위치와 주차
요금을 알려 주는 주차 공유 서비스 사업을 시작하려 한다. 서비스의 핵심 기능은 현재 활
용되지 않는 주차 공간을 다른 사람이 쓸 수 있게 함으로써 도심지의 주차난을 해소하려
는 것이다. Q는 사업을 위해 관할 지방자치단체에 사업허가를 신청하였다. 그러나 담당
공무원은 관련 법에는 주차 공유를 금지하는 규정도 없지만 이를 허용하는 규정도 없으므
로 기존의 조례를 개정하여 법령상 근거를 마련하지 않는 한 사업을 허가해 줄 수 없다고
하였다. 이에 Q는 사업의 신속한 시행을 위해 관할 지방자치단체에 조례의 개정을 여러
차례 요구하였지만 수년 동안 개정 작업은 진척되지 않고 있다. Q는 스타트업 기업이 새
로운 상품이나 서비스를 개발해도 각종 규제 때문에 신속하게 시장에 진출하는 데 어려움
을 겪고 있다고 토로한다.

---《규제 형식》---

(1) 포지티브 규제(positive regulation) : 허용되는 것만을 규정하고 나머지는 원칙적으로 금지하는 규제 형식

(2) 네거티브 규제(negative regulation) : 금지되는 것만을 규정하고 나머지는 원칙적으로 허용하는 규제 형식

---《규제 지침》---

㉮ 규제는 사회가 요구하는 바를 정확하게 포착하여 이에 응답해야 한다.

㉯ 규제는 인간의 자유와 권리를 최대한 보장하는 데 역점을 두어야 한다.

㉰ 규제는 행위를 제한하는 것을 넘어 특정한 정책이나 가치를 형성하고 조정해야 한다.

㉱ 규제는 사회 및 시장이 스스로 문제를 해결할 수 있으므로 가능한 한 적게 해야 한다.

㉲ 규제는 인간과 자연의 지속 가능한 공존을 추구해야 한다.

㉳ 규제는 사회의 공리를 극대화하는 데 이바지해야 한다.

㉴ 규제는 사회에 해악이 되는 행위를 예방하고 금지해야 한다.

1) 출제 배경 및 논제 분석

이 문항은 〈사례〉에서 나타난 문제점을 분석하고, 제시된 두 가지 〈규제 형식〉 중 하나를 선택하여 〈조건〉에 따라 〈사례〉를 해결하도록 요구한다. 〈조건〉은 (1) 자신이 선택한 〈규제 형식〉을 두 가지 〈사례〉에 일관되게 적용하고, (2) 자신이 선택하지 않은 〈규제 형식〉을 반박하며, (3) 〈규제 지침〉을 활용하여 논변하라는 것이다.

이 문항을 통해 평가하고자 하는 능력은 다음과 같다.

첫째, 각 〈사례〉에서 어떠한 〈규제 형식〉이 사용되고 있고, 이로 인해 무엇이 문제되고 있는지를 정확하게 포착하고 분석하는 능력이다.

둘째, 대립하는 두 가지 〈규제 형식〉이 담고 있는 이론적인 의미, 더 나아가 각 〈규제 형식〉이 〈사례〉에 적용될 때 드러나는 구체적인 장단점을 파악하는 능력이다.

셋째, 다양하게 주어진 〈규제 지침〉의 이론적 의미를 파악하면서 이를 자신이 선택한 〈규제 형식〉을 강화하거나 자신이 선택하지 않은 〈규제 형식〉을 반박하는 논거로서 적절하게 활용하는 능력이다.

넷째, 자신이 선택한 〈규제 형식〉을 두 가지 〈사례〉에 일관되게 적용하여 문제를 해결하는 능력이다. 특히 자신이 선택한 〈규제 형식〉을 적용함으로써 문제가 야기되는 〈사례〉에서 일관성 있고 설득력 있는 논거를 제시하여 자신이 선택한 〈규제 형식〉을 성공적으로 방어할 수 있어야 한다.

법률가는 복잡한 사실관계 속에서 어떠한 점이 문제되는지를 정확하게 분석하고 이때 어떤 법리가 문제되고 있는지, 이를 어떻게 해결할 수 있는지를 파악할 수 있어야 한다. 또한 다양한 법령을 자신의 주장을 강화하고 상대방의 주장을 반박하는 논거로써 설득력 있게 해석 및 적용하고, 이를 논리적이고 일관성 있게 주장할 수 있어야 한다. 법학적성시험 논술 영역은 법률가에게 요구되는 이러한 기본적인 능력을 고려하여 수험생의 법학 적성을 측정하고자 한다는 점에 유념해야 한다.

2) 제시문 분석 및 답안 구성

규제는 국가가 일정한 목적을 위해 개인이나 법인 등의 활동에 개입하는 것을 뜻한다. 규제 형식은 무엇을 원칙으로 볼 것인가에 따라 다음과 같이 구분할 수 있다. '포지티브 규제'(positive regulation)와 '네거티브 규제'(negative regulation)가 그것이다. 허용되는 것만을 규정하고 나머지는 원칙적으로 금지하는 규제 형식이 포지티브 규제라면, 금지되는 것만을 규제하고 나머지는 원칙적으로 허용하는 규제 형식이 네거티브 규제이다. 포지티브 규제 형식을 취하는 경우에는 규제가 규정하는 것만이 허용된다. 그만큼 행위의 자유가 축소된다. 이와 달리 네거티브 규제를 취하는 경우에는 규제가 규정하는 것만이 금지될 뿐이다. 그만큼 행위의 자유는 확장된다.

〈사례 1〉과 〈사례 2〉는 네거티브 규제와 포지티브 규제가 적용되는 상황으로 다음과 같은 문제가 나타난다. 먼저 〈사례 1〉에서는 개인이 키우는 것이 금지되는 동물을 국제적 멸종 위기종으로 한정하고 그 밖의 야생동물은 개인이 키우는 것을 자유롭게 허용하는 네거티브 규제가 적용되면서 개인 간에 야생동물 거래가 성행하고 있다. 이로 인해 첫째, 공중 보건이 저해되고 질병 및 상해 위험이 발생하며 생태계의 위협 등 사회 전체에 해악이 야기된다. 둘째, 야생동물이 보호되지 못하는 문제가 발생한다.

〈사례 2〉에서는 새로운 사업을 시작하려는 스타트업 기업 Q가 포지티브 규제로 인해 주차 공유 서비스 사업을 허가받지 못하여 신속하게 시장에 진입하지 못하는 문제가 나타난다. 이는 신속성과 참신성이 중요한 스타트업 기업 Q에는 결코 작지 않은 문제가 되고 있다.

이러한 상황에서 수험생은 〈사례 1〉과 〈사례 2〉에 각각 어떠한 〈규제 형식〉이 적용되는지를 파악하고 이로 인해 어떠한 문제점이 나타나는지를 정확하게 포착하여 서술해야 한다.

다음으로 수험생은 제시된 〈규제 지침〉을 활용하여 자신이 선택한 〈규제 형식〉이 어떠한 이유에서 타당한지 논변해야 한다. 일곱 개의 〈규제 지침〉은 자신이 선택한 〈규제 형식〉의 타당성을 강화하는 데 원용할 수도 있고, 자신이 선택하지 않은 〈규제 형식〉을 반박하는 논거 또는 자신이 선택하지 않은 〈규제 형식〉을 설명하는 논거 등과 같이 수험생의 역량에 따라 다양하게 활용될 수 있다. 이 부분에서 수험생의 상상력이 발휘될 것이다. 다만 각각의 〈규제 지침〉이 내포하는 의미를 정확히 해석해야 한다. 만약 〈규제 지침〉의 의미를 오해하거나 왜곡하는 경우에는 감점 사유가 될 것이다.

각 〈규제 지침〉이 담고 있는 규범적 의미를 해설하면 다음과 같다.

먼저 ㉮는 미국의 법사회학자인 노넷(P. Nonet)과 셀즈닉(P. Selznick)이 제시한 '응답적 법'(responsive law) 구상을 원용한 것이다. 이에 따르면, 법은 사회가 요구하는 바에 적절하게 응답할 수 있어야 하는데 이때 사회가 요구하는 바가 무엇인지는 이를 보는 관점에 따라 다양하게 구체화될 수 있다. 따라서 ㉮ 역시 어떤 경우에는 포지티브 규제를 위해, 또 어떤 경우에는 네거티브 규제를 위해 원용될 수 있다.

㉯는 규제의 자유보장 및 행위제한 기능을 강조한 것이다. 이 점에서 ㉯는 우선 네거티브 규제를 정당화하기 위한 근거로 활용될 수 있다. 그렇지만 포지티브 규제 역시 궁극적으로는 행위자의 자유를 실질적으로 보장하고 증진하는 것을 목표로 삼기에 ㉯는 포지티브 규제를 정당화하는 근거로도 활용될 수 있다. 물론 이를 위해서는 별도의 논증을 해야 할 것이다.

㉰는 규제의 형성적·조정적 기능을 강조한 것이다. 이에 따르면, 규제는 단순히 행위를 제한하는 것을 넘어 특정한 정책이나 가치, 체계 등을 형성하고 조정해야 한다. 그 점에서 ㉰는 우선적으로 포지티브 규제를 지지하는 데 활용될 수 있다. 그렇지만 경우에 따라서는 네거티브 규제를 근거 짓는 논거로도 활용될 수 있다. 물론 이 경우에는 수험생이 별도의 논증을 해야 할 것이다.

㉱는 신자유주의자들이 강조하는 것으로서 네거티브 규제를 근거 짓는 전형적인 논거에 해당한다. 따라서 ㉱는 포지티브 규제에는 어울리지 않는다. 만약 포지티브 규제를 지지하기 위해 ㉱를 활용하였다면 이는 적절하지 않은 논변이 된다.

㉲는 규제가 인간의 이익뿐만 아니라 동물을 포함하는 자연의 이익까지 고려해야 한다는 점을 강조한다. 전통적인 규제가 담고 있는 '인간중심적 사고'를 넘어서고자 하는 것이다. 그 점에서 ㉲는 특히 〈사례 1〉과 관련하여 포지티브 규

제를 뒷받침하는 근거로 활용될 수 있다. 물론 논자에 따라서는 네거티브 규제에 따라 동물을 자유롭게 키우도록 하는 것이 오히려 ㉺에 적합하다고 주장할 수도 있다. 그러나 이 경우에는 사회가 자율적인 규제역량을 갖고 있다는 ㉣를 함께 활용해야 할 것이다.

㉻는 공리주의 사고를 반영하는 지침이다. 전통적으로 공리주의는 시장의 자율성 및 규제 완화를 강조하는 신자유주의와 함께 하는 경우가 많았다. 질적 공리주의를 강조한 밀(J. S. Mill)이 자유주의자였다는 점이 이를 예증한다. 따라서 ㉻는 네거티브 규제를 지지하는 근거로 활용될 수 있다. 그렇지만 어떤 규제 형식을 선택하는 것이 공리를 극대화하는 데 기여하는가에 관해서는 정답이 없다. 따라서 포지티브 규제를 지지하는 입장에서도 충분히 ㉻를 원용할 수 있다. 규제를 강화하는 것이 오히려 장기적으로 사회의 공리를 극대화할 수 있다는 것이다. 이는 특히 현대 사회에서 강조되는 '안전'과 관련하여 의미를 지닌다.

㉼는 밀이 『자유론』에서 제시하는 '해악의 원칙'(harm principle)을 원용한 것이다. 해악의 원칙은 주로 자유주의의 맥락에서 강조된다. 따라서 ㉼는 네거티브 규제의 지지 근거로 활용될 수 있다. 그렇지만 해악의 원칙은 사회국가적 정책을 근거 짓는 원칙으로 활용되기도 한다. 독일의 형법학자 아멜룽(Knut Amelung)이 이러한 시도를 한 적이 있다. 특히 본 문항은 ㉼에 "예방"이라는 단어를 추가함으로써 ㉼가 포지티브 규제를 지지하는 근거로도 활용될 수 있도록 설계하였다. 그 점에서 ㉼는 논증방식에 따라 한편으로는 네거티브 규제를, 다른 한편으로는 포지티브 규제를 근거 짓는 지침으로 활용될 수 있다.

마지막으로 수험생은 자신이 선택한 〈규제 형식〉을 두 가지 〈사례〉에 동일하게 적용하여 일관성 있게 자신의 주장을 관철해 나가야 한다. 포지티브 규제를 선택한 경우 〈사례 2〉의 문제를 어떻게 해결할 것인지, 네거티브 규제를 선택한 경우 〈사례 1〉의 문제를 어떻게 해결할 것인지에 유의하여 답안을 작성해야 하고 이 과정에서 수험생의 역량의 차이가 드러날 것으로 예상된다.

■ 예시 답안 1 ☞ 148쪽
■ 예시 답안 2 ☞ 149쪽

〈사례〉를 읽고 〈조건〉에 따라 논술하시오. (900~1200자, 50점)

조건

(1) 〈사례 1〉과 〈사례 2〉의 유사점과 차이점을 밝히시오.

(2) 〈사례 1〉의 수문장 및 〈사례 2〉의 배심원들의 판단을 평가하고 그 이유를 밝히시오. 이때 (1)의 유사점과 차이점 및 〈관점〉을 활용하여 근거를 제시하시오.

(3) 관점의 출처를 표시할 때는 ㉮, ㉯, ㉰와 같은 방식으로 명시하시오.

《 사례 》

〈사례 1〉

　도적 떼가 들끓는 무법천지의 시대에 한 도시가 큰 고통을 받고 있다. 도시는 도적들의 살육과 약탈, 방화 등을 피하기 위해 새 법을 만들었다. 도적들이 가까이 접근하고 있다는 소식이 전해지면 성문을 지키는 수문장은 도적들이 도시에 진입할 수 없도록 즉시 성문을 닫아야 하고, 도적들이 물러간 것이 확인될 때까지 계속 닫아 두어야 한다는 것이다. 도시의 일부 시민들이 성 밖에 나갔다가 도적들이 접근하고 있다는 소식을 듣고 급히 도시로 돌아왔다. 하지만 이미 소식이 성 안에 전달된 후였고, 성문은 굳게 닫혀 있었다. 도적들에게 희생될 것을 두려워한 시민들이 수문장에게 성문을 열라고 소리쳤다. 하지만 도적들이 도시 부근까지 가까이 접근한 것을 육안으로 확인한 수문장은 새 법을 그대로 따라야 한다며 시민들의 요구를 거부한다.

〈사례 2〉

　경제 활동이 융성해진 상공업 시대를 맞아 한 도시가 재산 범죄를 특히 무겁게 처벌하는 법을 새로 만들었다. 새 법은 높아진 개인의 소유권 존중 의식을 반영하여 피해액이 10만 원을 초과하는 절도 범죄를 저지른 자는 사형에 처하도록 했다. 도시의 마을 주변에는 미개척 토지들이 방치되어 있었는데, 마을 사람들은 오래전부터 그곳에서 땔감과 열매, 야생동물 등 생활에 필요한 자원을 얻었다. 그 토지를 소유한 도시의 몇몇 시민들이 토지를 개발하려고 마을 사람들의 출입과 이용을 막았다. 그러자 가난한 사람들이 새 법에 따라 기소되는 일이 자주 일어났다. 재판에 참여한 배심원들은 이들을 불쌍히 여겨 재판 과정에서 토지 소유자에게 발생한 피해액이 사실은 10만 원을 초과하는 경우에도 그에 못 미치게 낮추어 인정하는 방법으로 이들이 사형을 선고받는 것을 모면하게 했다.

㉮ 입법자는 일반적으로 일어나는 사태를 염두에 두고 법을 만든다. 입법자라도 미래에 일어날 일을 모두 예견하고 법을 만들 수는 없기 때문에 법을 그대로 적용해서는 적절한 결과를 도출하지 못하는 경우도 생길 수 있다. 법이 그대로 적용된 결과가 불합리한 때는 이를 바로잡는 것이 마땅하다. 이때는 입법자가 간과하거나 지나친 부분을 알았다면 어떻게 입법했을지 생각해보고 법이 추구하려고 했던 궁극적인 정의를 이루도록 법의 문구를 바로잡아야 한다.

㉯ 입법 단계에서는 여러 법들을 놓고 비평할 수 있어도, 일단 법이 만들어진 후에는 법을 교정한다는 명목으로 법의 문구에 이의를 제기하는 것은 옳지 않다. 이 세상에서 진정한 정의를 구현하는 것은 불가능한 이상에 불과하다. 더 중요한 것은 질서와 평화를 확보하는 것이다. 시민의 품성을 고양할 목적으로 법을 만드는 것보다 무질서와 폭력을 방지하는 법을 만드는 것이 훨씬 가치 있다. 전자의 경우 법의 불완전함은 곧바로 드러날 것이지만, 후자의 경우 법의 엄격한 집행만으로도 세상에 평화를 가져올 것이다.

㉰ 법의 궁극적인 목적은 공동체 전체의 유익이다. 입법에서는 물론 법의 해석 및 집행에서도 공동선이 최고의 가치로 작용한다. 법은 그 자체가 목적이 아니라 도구에 불과하므로 법의 협소한 시각으로 사람을 수단으로 보아서는 안 된다. 한 사람이라도 부당하게 취급되지 않도록 대우하는 것이 정의이다. 그러나 누구든 자기 판단에 따라 법의 문구에 반하여 행위하는 것은 허용될 수 없다. 이러한 행위가 허용되려면 두 가지 요건을 충족해야 한다. 첫째, 법을 문구대로 적용하는 것이 명백하게 공동선에 큰 해악이 되어야 한다. 둘째, 긴급한 필요가 있거나 현저한 부정의를 피하기 위한 행위이어야 한다.

1) 출제 배경 및 논제 분석

이 문항은 유사하지만 차이가 있는 두 사례 및 각 사례를 평가하는 데 이용될 수 있는 세 관점을 제시한 다음, 〈조건〉의 순서대로 답안을 작성하도록 하였다. 〈조건〉은 첫째 두 사례의 유사점과 차이점을 밝히라는 것, 둘째 사례에 나타난 수문장 및 배심원들의 판단을 평가하고 그 이유를 밝히되, 유사점 및 차이점과 〈관점〉을 활용해 근거를 제시하라는 것이다.

이 문항을 통해 평가하고자 하는 능력은 다음과 같다.

첫째, 두 사례에서 핵심적인 면을 포착해 내는 능력이다. 두 사례에는 어떤 점에서 보든 유사하거나 상이하다고 할 수 있는 사실관계 요소들이 다양하게 존재한다. 그러나 〈관점〉에 제시된 세 시각에서 볼 때 두 사례가 어떤 점에서 근본적으로 유사하고 또 상이하다고 할 수 있는지 핵심적인 면을 포착하여 제시할 수 있어야 한다. 사실관계에서 특정한 성격을 추상(抽象)해 내는 능력과 사실관계의 어떤 유의미한 구체적 사항이 판단과정에서 고려되어야 하는지를 포착해 내는 능력은 법률가가 사실들에 파묻히지 않고 강력한 법적 논리를 발견해 내는 데 있어 요구되는 기본적인 능력에 속한다.

둘째, 〈관점〉에 제시된 세 견해의 의미와 차이점을 파악하고 논리적이고 정합적인 면에서 설득력 있는 입장으로 구성해 내는 능력이다. 〈관점〉을 반영하여 두 사례에서 수문장 및 배심원들의 판단을 평가하기 위해서는 사례들에 담겨있는 근본적인 법의 문제점을 포착하여 관점에 따라 도출될 결과를 예측해 봄으로써 관점의 실천적 함의를 구체적으로 파악할 필요가 있다.

셋째, 상이한 관점들이 두 사례에 각각 적용되어 어떤 결론을 도출하게 되는지를 추론해 내는 능력이다. 이를 통해 두 사례에 대해 동일한 판단에 도달하게 되는 관점과 상이하게 만드는 관점이 어느 것인지 구분해 내야 한다. 〈사례〉에는 각 관점에 따라 평가하기에 일정 부분 미확정적인 상황 요소를 담고 있을 수 있으며, 각 관점을 적용할 때는 이를 적절히 보충하여 평가가 이루어지도록 해야 한다. 도출된 최종 평가는 각 관점을 사례들에 적용해서 논리적으로 도출될 수 있는 것이어야 하며, 또 평균적인 시각에서 볼 때 현저히 타당성을 상실하지 않은, 건전하고 설득력 있는 것이어야 한다.

넷째, 자신의 입장을 제시하고 그 근거를 설득력 있게 논증하는 능력이다.

2) 제시문 분석 및 답안 구성

이 문항은 〈조건〉, 〈사례〉, 〈관점〉으로 구성된다.

〈조건〉은 어떤 문제를 어떤 순서로 서술해야 하는지를 제시한다. 〈조건〉에 따라 충실하게 답안을 작성한다면 체계적으로 잘 조직된 한 편의 글이 작성되도록 순서를 정하였다.

〈사례〉에서는 법을 문구대로 엄격하게 적용한 결과 부적절한 결과가 발생하는 상황을 제시하고 있다. 차이점은 〈사례 1〉의 법은 도시 전체의 안전을 확보하기 위한 목적이고, 〈사례 2〉의 법은 시민들의 재산을 보호하기 위한 것이다. 법의 집행이 초래하는 결과에도 차이가 있는데, 〈사례 1〉은 성문 밖 시민의 생명을 보호하지 못하게 되고, 그 결과 시민들이 성문 밖으로 다닐 자유가 크게 위축될 것이다. 〈사례 2〉는 가난한 사람들의 생명을 박탈하게 되며, 미개척 토지에 대한 전통적인 이용의 자유가 사라질 것이다. 다른 시각에서 두 사례들의 유사점과 차이점을 제시해 볼 수도 있을 것이다. 유사점으로는 법을 문구대로 엄격하게 적용한 결과 부적절한 결과가 발생한다는 것을 들 수 있고, 차이점으로는 〈사례 1〉의 법은 도시 전체의 안전을 확보하기 위한 목적이고, 〈사례 2〉의 법은 시민들의 재산을 보호하기 위한 것이라 볼 수 있다. 법의 집행이 초래하는 결과에서도 〈사례 1〉은 성문 밖 시민의 생명을 보호하지 못하게 되며, 그 결과 시민들이 성문 밖으로 다닐 자유가 크게 위축될 것이라면, 〈사례 2〉는 가난한 사람들의 생명을 박탈하고, 미개척 토지에 대한 전통적인 이용의 자유가 사라진다는 차이가 있다고 볼 수 있다.

〈관점〉은 법을 문구대로 엄격하게 적용했을 때 부적절한 결과가 발생하는 경우, 어떻게 대처하는 것이 올바른 것인가에 대한 입장을 제시하고 있다.

- 예시 답안 1 ☞ 150쪽
- 예시 답안 2 ☞ 151쪽

MEMO

MEMO

정답 및 풀이

언어이해 기출예제 정답 및 풀이

논술 기출예제 예시 답안

예제 1-1   정답 ②

문제 풀이

헤겔에게서 '낭만적인 것'이라는 범주는 '기독교적인 것'이라는 범주와 동의적 개념으로 사용되고, 그 본질적 규정은 '내면적 지성성'으로 기술될 수 있다. 이에 근거하여 제시문은 이 두 범주 간의 관계 및 각각의 하위범주인 '낭만주의'와 '기독교'의 정신철학적 위상을 설명하고 있다. 이를 제대로 파악해야만 이 문항을 해결할 수 있다.

정답 해설

제시문 세 번째 단락 "그(헤겔)가 … '낭만적인 것'을 '기독교적인 것'과 같은 의미로 사용하고 있다."와 "'기독교적인 것'이란, 어떤 물리적 대상을 매개로 절대자와 만나려는 원시적 지성성을 극복하여 순수한 내면적 정신성을 성취하는 지성의 단계를 통칭한다."로부터 '낭만적인 것' 역시 순수한 내면적 정신성을 성취하는 지성의 단계를 통칭한다고 할 수 있다. 이에 따라 '기독교적인 것'으로 규정되는 '기독교'는 정신적 작동 방식의 측면에서 '기독교적인 것'과 같은 의미인 '낭만적인 것'에 속한다.

오답 해설

① 제시문 첫 번째 단락에서 '낭만주의'는 '낭만적인 것'의 "하나의 하위범주로 포괄"되고, 세 번째 단락에서 '기독교'는 '기독교적인 것'이라고 말하고 있지만, 서로 바꾸어 쓸 수 있는 동의어적 관계는 세 번째 단락에 나와 있듯이 상위범주인 '낭만적인 것'과 '기독교적인 것' 사이에서 성립하지, "예술적 내지 사상적 노선으로 공인된" '낭만주의'와 "제도화된 신앙 및 교리 체계로서의" '기독교'라는 하위범주 사이에서 성립하는 것은 아니다.

③ 제시문 세 번째 단락에 "'기독교적인 것'이란, 어떤 물리적 대상을 매개로 절대자와 만나려는 원시적 지성성을 극복하여 순수한 내면적 정신성을 성취하는 지성의 단계를 통칭한다. 따라서 가장 완전한 의미에서 '기독교적인 것'은 순수한 개념적 반성을 통해 진리를 인식하는 철학에서 달성된다."고 나와 있고, 네 번째 단락에는 "진정으로 '낭만적인 것'은 철학적 사유에서 비로소 성취된다."고 진술되어 있다. 즉 '낭만적인 것'과 '기독교적인 것'의 핵심인 '내면적 지성성'의 완전한 형태는 "개념적 반성성에 의거한 철학적 사유"에서 이루어지므로, '낭만주의'와 '기독교'는 "저급한 미완 단계"이자 "불완전한 단계"이다.

④ 제시문 세 번째 단락에 따르면, 최고도의 '기독교적인 것'은 "순수한 개념적 반성을 통해 진리를 인식하는 철학에서 달성된다." 반면 예술사조로서의 '낭만주의'는 '기독교적인 것'의 동의어인 '낭만적인 것'에 속하기는 하나 "저급한 미완 단계"로 평가된다. 따라서 낭만주의가 최고도의 '기독교적인 것'을 성취한다고 말하는 것은 헤겔의 관점에 대한 이해로 적절하지 않다.

⑤ 제시문 세 번째 단락과 네 번째 단락에 따르면, 순수한 개념적 반성을 통해 수행되는 철학이 가장 완전한 의미에서 '기독교적인 것'이자 '낭만적인 것'이다. 그리고 '기독교적인 것'과 '낭만적인 것'은 각각 절대자, 곧 '신'을 "어떤 인격체"로 인식하는 종교로서의 '기독교'와 "'가슴속의 모든 것을 표출할 수 있는 자유'를 지향하는 낭만주의"를 불완전한 하위 단계로 포함한다. 즉, '낭만적인 것'과 '기독교적인 것'은 불완전한 미완 단계가 아닌, 오로지 최고의 완성 단계에서만 순수한 개념적 반성을 통해 수행된다. 모든 단계에서 순수한 개념적 반성을 통해 수행되는 것은 아니다.

예제 1-2

문제 풀이

파시즘에 대한 근래 대표적인 연구자는 그리핀과 팩스턴이다. 그리핀은 역사적 상황의 변화 속에 맞이한 민족적 고난 속에서 나타난 파시즘이 '신화'를 바탕으로 삼아 대중을 응집하고 추동력을 얻어내는 역사적 현상이며, 이는 근대적 성격의 것이라고 보았다. 팩스턴은 '이중 국가'라는 개념으로 파시즘을 해석하면서 기성 제도 및 전통적 엘리트 계층과 연합한 것이 파시즘이며, 따라서 근대적 성격의 혁명이 아니라고 보았다.

정답 해설

제시문 네 번째 단락 "그는 또 신화의 궁극적인 실현, 즉 '민족의 유토피아'를 건설"이라는 표현으로부터 그리핀은 파시즘의 최종 목표는 '민족의 유토피아를 건설'하는 것이며, '파시즘적 인간'의 완성은 최종 목표가 아닌 과정 혹은 수단이라고 보고 있음을 알 수 있다.

오답 해설

② 제시문 네 번째 단락 "그에 따르면, 파시즘은 근대적 대중 정치의 한 부류로서, 특정한 민족 혹은 종족 공동체의 정치 문화와 사회 문화에 대한 혁명적인 변화를 목적으로 삼는다. 그리고 '신화'를 수단으로 삼아 내적 응집력과 대중의 지지라는 추동력을 얻어낸다."로부터 그리핀은 파시즘이 '신화'를 지지 세력의 단결과 체제 유지의 수단으로 삼았다고 보았음을 알 수 있다.

③ 제시문 다섯 번째 단락 "특권 국가가 결국 우위를 점한 나치와 달리 무솔리니는 표준 국가의 영역에 더 큰 권력을 허용하였다는 점이다."와 "'이중 국가'는 합법성에 따라 관료적으로 움직이는 '표준 국가'가 당의 '동형 기구'로 만들어진 독단적 '특권 국가'와 갈등을 빚으면서도 협력 속에 공존한다는 개념이다.", 그리고 "팩스턴에 따르면, 파시즘 정권은 형식적 관료주의와 독단적 폭력이 혼합된 기묘한 형태였다."를 종합해 보면, 팩스턴은 나치즘에서는 독단적 폭력, 즉 특권 국가가, 파시즘에서는 형식적 관료주의, 즉 표준 국가가 두드러졌다고 보았음을 알 수 있다.

④ 제시문 다섯 번째 단락 "그는 '이중 국가' 개념을 파시즘 체제 분석에 적용시켰다. '이중 국가'는 합법성에 따라 관료적으로 움직이는 '표준 국가'가 당의 '동형 기구'로 만들어진 독단적 '특권 국가'와 갈등을 빚으면서도 협력 속에 공존한다는 개념이다."와 "팩스턴은 파시즘이 근대적 혁명이라는 주장을 거부하면서, 파시즘을 전통적인 권위주의적 독재의 변종으로 규정한다."를 종합해 보면 팩스턴은 이중 국가가 권위주의적 독재에서 파생한 변종이라고 파악하고 있음을 알 수 있다. 따라서 오답이다.

⑤ 제시문 네 번째 단락 "그(그리핀)는 … 근대적 성격을 보여준 것에 주목하여 파시즘을 일종의 '근대적 혁명'이라고 보았다."와 다섯 번째 단락 "팩스턴은 파시즘이 근대적 혁명이라는 주장을 거부하면서, 파시즘을 전통적인 권위주의적 독재의 변종으로 규정한다. 그는 혁명으로 보이는 파시즘이 실은 기성 제도 및 전통적 엘리트 계층과 연합했다는 점을 중시하기 때문이다."로부터 파시즘 성격에 대한 두 사람의 입장 차이를 알 수 있다.

예제 1-3

문제 풀이

제시문은 인조에서 효종으로 이어지는 종통을 중요하게 보아야 한다는 점을 강조하기 위하여, 서자로서 문왕을 계승한 무왕이 찬란한 주나라의 기업을 이루었다는 사례를 들어 비유한다. 그리하여 장자, 차장자 논의는 종통에 영향을 미치지 못하는 무의미한 논쟁이고, 종통을 확고히 하여 나라를 튼튼히 이어가는 데에 핵심을 두어야 한다는 취지를 더욱 부각한다.

정답 해설

제시문에서 "인조는 중자(衆子) 가운데 어진 이를 택하고자 효종을 세자로 세웠으니, 그 신성함과 자식을 알아보는 밝음은 종묘사직이 억만년 무궁하게 이어갈 터를 이룬 것"이라 평가하면서, "후세 사람들은, 문왕은 자식을 가리는 밝음이 있고 무왕은 뜻을 잇는 효가 있어서 주나라 팔백 년을 여는 대업을 이루고 대통을 전하였다고 여긴다."는 문왕에 대한 세상의 평가에 견준다. 이를 통해 종통을 튼튼히 하여 후세에 전한 뜻을 환기하려는 글쓴이의 의도를 뚜렷이 볼 수 있다.

오답 해설

① 제시문에서 "복제가 오르고 내리거나 가볍고 무겁거나 하는 것은 무슨 상관이겠는가."라고 하여, 복제를 장자에 맞출 것인지 중자로 기준을 삼을지는 문제 되지 않는다는 입장을 뚜렷이 한다. 나아가 이를 따지는 갑설, 을설은 하나의 주장에 지나지 않는다고 말한다.

② 제시문 다섯 번째 단락에서 "무왕이 붕어하고 그 어머니인 태사가 아직 살아 있다고 가정할 때 무왕을 위해 상복을 꼭 3년 입었을지 2년도 안 입었을지는 아무도 모른다. 그러나 복을 입지 않았다고 해서 무왕을 깎아 먹겠으며 복을 입었다고 해서 그 빛을 더하겠는가. 당시에 종통이 불명하다는 따위의 이야기가 있었을까."라고 하여 효종의 어머니가 입을 상복은 아무래도 좋다는 입장을 보인다. 태사의 사례로써 복제의 종류를 정하려는 의도는 나타나지 않는다.

③ 인조를 문왕에, 효종을 무왕에 견주고 있으며, 효종은 애초부터 적자로서 적자의 지위를 얻어야 하는 따위의 문제는 없다.

⑤ 차장자는 적자로서 종통을 이었으나 첫째 아들이 아니라 둘째 아들인 경우인데, 무왕은 "무왕과 달리 적자였던 백읍고"라는 기술에서 서자라는 것을 알 수 있고, 차장자의 개념은 이를 포섭하지 않는다. 따라서 차장자에 관한 중국 사례라 할 수 없다.

예제 1-4　　　　　　　　정답 ③

문제 풀이

제시문은 크게 다섯 단락으로 구성되어 있다. 첫 번째 단락은 현대 민주사회의 사법 영역에서 판사에게 진솔 의무를 인정할 수 있는지를 논점으로 제시하고 찬성론의 기본적인 근거와 내용, 반대론의 한 예를 소개한 다음 반대론을 민주주의 원리로써 반박한다. 두 번째 단락은 노예제가 인정되던 시절에 노예제가 허용되지 않는 자유로운 주로 도주한 노예에 대해 소유자가 소유권을 주장하는 경우를 예를 들어 법-도덕 딜레마 상황에서 판사가 불가피하게 거짓을 선택해야 한다는 내용의 논의를 소개한다. 이어서 세 번째 단락에서는 현대 사회에 법-도덕 딜레마 상황이 드문 점, 진리를 추구하는 사회에서라면 판사가 불가피하게 거짓을 선택해야 할 일은 생겨나지 않을 것임에도 불구하고 판사의 진솔함이 개별 법률에 대한 도덕적 저항감과 이에 대한 판사의 선택 문제로 남아 있어 정의와 민주주의, 사법의 정당성에 지속적인 영향을 미친다고 논의했다. 네 번째 단락에서는 최근에 판사의 진솔함이 사법의 민주적 정당성 문제와 연결되어 제기되는 문제 상황, 즉 창의적 법해석을 한 판사와 결과를 우선시는 해석법을 채택한 판사가 자신의 사법적 판단 과정에 관해 사실대로 말하지 않고 판사들 사이의 상투적인 표현법을 사용하는 문제점을 제기했다. 마지막 단락에서는 판사가 자신의 사법적 판단 과정에 관해 진술하게 밝히지 않으면 사법의 신뢰 위기와 정당성 위기를 부를 위험이 있음을 지적하고 이런 위험에서 벗어나는 방안이 국민을 진솔함으로 대하는 것에 있다고 했다. 아울러 진술함의 중요성에 대한 재인식에서 국민을 자율적 판단 능력을 갖춘 주체로 재발견하면서 법관이 법-도덕 딜레마에 처한 상황에서 종래의 대처방식에 대한 재검토로 이어지는 점을 지적하고, 특히 거짓으로 이룰 수 있는 것은 진실로도 이룰 수 있다고 함으로써 종전처럼 법-도덕 딜레마 상황에서 거짓을 선택하는 일은 없어야 한다는 취지로 끝맺고 있다. 제시문의 전체 취지를 파악한 다음 내용과 일치하지 않는 것을 골라야 한다.

[정답 해설]

제시문 두 번째 단락은 법-도덕 딜레마 상황에 관해 노예제가 인정되던 시절에 노예가 허용되지 않는 주로 도망한 노예에 대해 소유자가 소유권을 주장하는 경우 판결을 내려야 하는 판사를 예를 들어 설명했다. 이러한 경우에 판사는 법적 권리의 정당함을 완전히 인식하고 있음에도 불구하고 이를 그대로 관철하는 것이 지극히 부정의한 결과를 초래한다는 이유로 법적 권리를 그대로 인정하지 않으려 한다. 여기서 도덕적 권리를 지지하는 판사는 법적 권리가 법적으로는 완전한 권리로서 관철될 자격이 있다는 것을 알고 있지만, 법적 권리를 인정할 경우 초래될 부정의를 회피하기 위해 그 법적 권리에 관해 마치 다른 합법적인 해석법을 믿고 있는 것처럼 사람들에게 표명하기로 선택한다. 달리 말해 판사는 법적 권리가 정당하다는 점을 부인할 수 없지만, 지극한 부정의를 회피하기 위해 법적 권리에 관해 다른 해석법을 믿고 있는 것처럼 외관을 취하고 그런 해석의 결과 법적 권리가 부정되는 것처럼 판결한다는 것이다. 이는 사안의 지극히 부정의함을 회피하기 위한 수단이므로 판사는 외관은 법을 위해 법에 대해 충실한 듯하지만 실질은 정의에 더 충실함을 알 수 있다. 버틀러(Paul Butler)는 이런 판사는 '이중간첩(double agent)'과 같다고 했다. 만약 법을 위해 법에 더 충실한 판사라면 이런 식으로 거짓을 선택한 다음 위장하는 방식이 아니라 자신의 도덕적 양심을 누르고 정의가 희생되더라도 법적 권리를 그대로 인정할 것

이다. 따라서 ③은 제시문의 내용과 일치하지 않는다.

[오답 해설]

① 판사의 진술함이라는 문제는 과거에는 도망 노예에 대한 소유권 주장과 같이 이전에는 법-도덕 딜레마 상황과 관련되어 논의되었다. 제시문 네 번째 단락에서는 판사의 진술 의무가 최근에는 사법의 정당성을 수호하는 중요한 방책이라는 점을 두 판사를 예로 들어 논증하고 있다. 세 번째 단락 끝부분에서는 현대에도 특정 법률에 대한 도덕적 저항감이 법-도덕 딜레마 문제로 제기되고 있다고 하고, 이러한 문제 상황에서 판사의 선택이 정의와 민주주의, 사법의 정당성에 영향을 미치고 있다고 한다. 따라서 판사의 진술함이 법-도덕 딜레마 문제와 민주주의를 연결 짓는다는 것은 제시문의 내용과 일치한다.

② 법-도덕 딜레마 상황에서 판사가 거짓을 선택한 이유는 법적 권리를 인정할 경우 초래될 지극한 부정의를 피하고 도덕과 정의를 실현하기 위한 것이었다. 제시문의 끝 문장에서 판사의 진술 의무를 지지하는 견해는 거짓으로 이룰 수 있는 것은 진술함으로도 이룰 수 있다고 한다. 거짓으로 얻는 것은 도덕과 도덕적 양심, 지극한 부정의의 회피 등, 즉 법 외적인 고려들이므로 진술함을 지지하는 견해는 판사가 판결에 이르는 과정에서 도덕과 도덕적 양심 등 법 외적인 요소들을 고려하는 것을 인정하고, 대신 이를 대중에게 진술하게 공개해야 한다고 주장하는 것이다. 따라서 ②는 제시문의 내용과 일치한다.

④ 제시문 네 번째와 다섯 번째 단락은 판사의 진술함이 사법의 정당성을 수호하는 방책이 된다는 입장에서 왜 그렇다고 볼 수 있는지를 설명한다. 판사들이 사법적 판단 과정에 관해 묘사할 때 흔히 사용하는 화법, 즉 판사는 법을 만들지 않고 있는 법을 찾아 기계적으로 적용한다는 표현이 방편상 사용하는 것일 뿐 실제 판사가 판결에 이르게 된 사법적 판단 과정을 사실대로 표현하지 않은 점에서

진솔하지 않은 것이고, 그런 실상이 드러날 때 국민에게 정당한 이유 없이 사법적 판단 과정에 관해 거짓을 말했다는 점에서 사법의 권위가 실추되는 정당성 위기가 발생한다고 하고, 그 극복 방안으로 판사가 국민을 진솔함으로 대할 것을 강조한다. 그리고 이러한 인식에 기초해 거짓으로 이룰 수 있는 것은 진실로도 이룰 수 있다는 전제에서 법-도덕 딜레마 상황에서 판사가 거짓을 선택한 방책은 재검토되어야 한다고 했다. 따라서 판사의 진솔함이 사법의 정당성을 수호하는 방책이 된다는 입장에서는 법-도덕 딜레마 상황에서 판사는 더 이상 거짓을 선택해서는 안 된다고 볼 것이다. ④는 제시문의 내용과 일치한다.

⑤ 판사가 판결 이유를 작성해야 할 의무와 판결 이유를 진솔하게 작성해야 할 의무는 개념상 별개이다. 그러나 판사가 판결 이유를 작성해야 한다는 것이나 판결 이유를 진솔하게 작성해야 한다는 것은 모두 민주주의 원리에서 공통의 근거를 찾을 수 있다. 먼저 제시문 첫 번째 단락에서 판사가 판결 이유를 밝혀야 하는 이유가 사법권 행사에 민주적 통제가 미치게 하기 위함이라 지적하고 있다. 사법권 행사에 대한 민주적 통제란 곧 민주주의 원리의 한 내용이므로 판사의 판결 이유를 밝혀야 한다는 의무가 민주주의 원리에서 생겨난 것임을 알 수 있다. 다음으로 진술 의무는 판사는 단지 판결 이유를 밝히는 것에 그칠 것이 아니라 판결의 핵심적 근거에 대해 허위나 감춤 없이 자신이 믿는 바와 판단 과정을 분명히 드러내야 한다는 것을 말한다. 마지막 단락에서 사법적 판단 과정에 관해 사실과 다르게 표명하는 판사들이 편의상 사용하는 표현법이 사법의 정당성을 위협한다는 점에서 진솔 의무의 근거를 찾을 수 있다고 하고, 국민을 자율적 판단 능력을 가진 주체로 인정하고 진솔함으로 대하는 것을 극복 방안으로 제시하고 있다. 판사가 국민을 자율적 판단 능력을 가진 주체로 인정하고 진솔함으로 대해야 한다는 것도 민주주의 원

리에 해당한다. 그러므로 판사가 판결 이유를 밝혀야 한다는 것이나 판결 이유를 진솔하게 작성해야 한다는 것은 모두 민주주의 원리에서 공통의 근거를 찾을 수 있다. 따라서 ⑤는 제시문의 내용과 일치한다.

예제 1-5   정답 ④

문제 풀이

제시문 첫 번째 단락부터 세 번째 단락까지 평등의 근거를 묻게 되는 배경에 대해 설명하고 있다. 첫 번째 단락은 평등 개념이 절대적 평등이 아님을, 두 번째 단락은 평등이라고 하더라도 충분한 이유가 제시된 차별은 허용함을, 세 번째 단락은 형식적 정의와 실질적 정의의 차이를 설명한다.

정답 해설

제시문 세 번째 단락에서 "규칙에 따라 유사한 경우는 유사하게 취급된다면 형식적 정의는 실현된다고 본다."라고 말하고 있다. 그런데 유사한 경우는 유사하게 취급된다는 것은 유사하지 않은 경우는 유사하게 취급되지 않는다는 것이니 그 결과는 불평등할 수 있다. 따라서 "규칙에 따라 유사한 경우는 유사하게 취급해도 결과는 불평등할 수 있다."라는 것은 적절하다.

오답 해설

① 제시문 세 번째 단락에 따르면, "규칙에 따라 유사한 경우는 유사하게 취급된다면 형식적 정의는 실현된다." 유사한 경우는 유사하게 취급된다는 것은 유사하지 않은 경우는 유사하게 취급되지 않는다는 것이다. 두 번째 단락에 따르면, "특정한 … 부류에 속하지 않는 사람들에게" 하는 것이 '차별적 대우'이다. 따라서 "형식적 정의에서는 차별적 대우가 허

용되지 않는다."라는 것은 적절하지 않다.

② 제시문 첫 번째 단락에 따르면, "모든 인간을 모든 측면에서 똑같이 대우하는" 것이 '절대적 평등' 인데 "인간은 저마다 다르게 가지고 태어난 능력과 소질을 똑같게 만들 수 없기 때문에", "조건적 평등과 달리 절대적 평등은 결과적인 평등을 가져온다."라는 것은 적절하지 않다.

③ 제시문 두 번째 단락에서 "평등에 대한 요구는 모든 불평등을 악으로 보는 것이 아니라 충분한 이유가 제시되지 않은 불평등을 제거하는 데 목표를 두고 있다."라고 말하고 있다. 이것은 충분한 "이유가 제시된다면 … 차별적 대우를 하는 것을 허용한다."라는 뜻이다. 따라서 "불평등은 충분한 이유가 있더라도 평등의 이념에 부합하지 않는다."라는 것은 적절하지 않다.

⑤ 제시문 첫 번째 단락에 따르면, "인간은 저마다 다르게 가지고 태어난 능력과 소질을 똑같게 만들 수 없"다. 따라서 "인간의 능력은 절대적으로 평등하게 만들 수 있지만 자율성에 어긋날 수 있다."라는 것은 적절하지 않다.

예제 1-6

정답 ①

문제 풀이

필자가 채만식의 현실 인식을 어떻게 해석하는가가 제시문의 중심 내용으로, 첫 번째 단락에 요약적으로 제시되고 두 번째 단락부터 구체적으로 전개된다.

정답 해설

제시문 첫 번째 단락 "채만식이 「탁류」에서 현실을 대하는 태도에는 식민지 근대화 과정에 대한 작가의 민감한 시선이 들어 있었다. 그는 전 지구적 자본주의 시스템과 토착적 시스템의 갈등에 의해서 만들어진,

게다가 식민지적 상황 때문에 더욱더 굴곡진 수많은 우여곡절에 주목하였다."로부터, 필자가 「탁류」의 시대적 배경이 지닌 특수한 상황과 관련된 채만식의 시선을 중시하고 있음을 알 수 있다. 또 "인간과 사물을 환금의 가능성으로만 파악하는 자본주의의 기제가 인간의 순수한 영혼을 잠식해 들어가고, 그러면서 그 이윤 추구의 원리를 확대 재생산하는 과정을 보여 준다."로부터, 필자는 채만식이 당시의 삶의 양태들을 냉소하고 풍자한 것으로 파악하고 있음을 확인할 수 있다. 두 번째 단락부터 필자는 채만식의 "민감한 시선"의 대상이 된 시대적 특수성을 고려하여, 당시의 삶의 양태들에 대한 채만식의 냉소적·풍자적·비판적 인식을 구체적으로 분석하고 있다.

오답 해설

② 제시문에서 필자는 인물의 심리에 대한 세밀한 분석을 통해 인물의 심리를 언급하고 있지는 않으며, 작가 채만식의 내면 심리를 파헤치고 있지도 않다.

③ 제시문에서 필자는 작가 채만식이 궁핍으로 인한 연명의 문제보다 윤리의 문제를 중시한다고 여기지 않는다. 따라서 이에 대한 필자의 비판도 있을 수 없다.

④ 제시문에서 필자는 「탁류」를 채만식이 부정적 삶의 양태를 냉소하고 풍자한 작품으로 여기지, 인간의 존재론적 모순을 염세적 시선에서 바라본 것으로 여기지는 않는다.

⑤ 제시문에서 필자는 현실을 대하는 소설가의 이중적 태도를 인물들이 표방하는 이념에 대한 분석이 아니라 인물들이 보여 주는 삶의 양상들에 대한 분석을 통해 통찰한다.

예제 2-1   정답 ②

문제 풀이

제시문의 제재인 협약의 주요 제도와 내용을 정확하게 파악하도록 한다.

정답 해설

제시문 네 번째 단락 "… 자녀를 반환시키려면 양육친은 재판에서 승소하여 강제집행 절차까지 마쳐야 한다."로부터 반환재판 승소 후 강제집행 절차라는 별도의 절차를 마쳐야 자녀의 반환이 실현됨을 알 수 있다.

오답 해설

① 제시문 세 번째 단락 "이 협약에 특유한 전담기관 제도와 반환재판 제도가 모두 효과적으로 작동"이라는 기술에서, 전담기관 제도뿐 아니라 반환재판 제도도 효과적으로 작동하고 있음을 알 수 있다.

③ 제시문 첫 번째 단락에서 양육권자는 합의로 정하며 합의가 되지 않은 때에는 법원의 재판으로 정한다. 부부의 국적이 다른 경우, 이 재판은 자녀가 생활하던 나라의 법원에서 진행"된다고 했으므로 이 선택지의 '그 나라'는 양육권자를 정하는 재판을 한 나라인 자녀가 원래 살던 나라임을 알 수 있다. 제시문 다섯 번째 단락 "… 자녀가 원래 살던 나라에서 양육권자를 정하는 재판을 하도록 하기 위해서이다."로부터, 협약의 목적은 양육권자를 다시 정할 필요가 있어도 일단 반환재판으로 자녀를 원래 살던 나라로 돌려보낸 후 그 나라의 재판으로 양육권자를 다시 정하게 하는 것임을 알 수 있다. 따라서 '그 나라'인 원래 살던 나라의 재판으로 양육권자를 다시 정할 수 있음을 알 수 있다.

④ 제시문 네 번째 단락에서 "… 양육친과 비양육친이 합의로 자녀의 반환 방법을 결정하도록 주선하고, 합의가 성립하면 그 실행을 지원한다."라고 했으므로 전담기관은 양육친과 비양육친이 반환 방법에

관한 합의 후에도 계속 상황에 개입할 수 있음을 알 수 있다.

⑤ 제시문 네 번째 단락에서 "양육친은 … 외국 전담기관에 직접 지원을 신청할 수 있다."라고 했으므로 이 선택지는 윗글에 대한 이해로 적절하지 않다.

예제 2-2   정답 ③

문제 풀이

중력파가 일으킨 공간의 수축과 팽창을 측정해 내는 방법으로 레이저 간섭계를 이용하며 빛의 경로 길이 변화를 측정해 내는 과정과 측정에서의 산탄 잡음과 복사압 잡음에 대해 정확하게 이해해야 한다.

정답 해설

제시문 네 번째 단락 "광검출기는 광자의 개수를 측정하는 것이며 측정할 때마다 무작위로 달라지는 광자 개수의 요동이 간섭신호의 잡음으로 나타나게 되는데 이를 '산탄 잡음'이라고 한다. 빛의 세기 측정에서 신호의 크기는 광자의 개수 N에 비례하고, 광자 개수의 요동에 의한 잡음은 N의 제곱근($\sqrt{N}$)에 비례한다. 따라서 '신호대잡음비(신호크기/잡음크기)'는 $\sqrt{N}$에 비례하여 증가한다."를 통해 이 선택지는 제시문의 내용과 일치하지 않는다는 것을 알 수 있다.

오답 해설

① 제시문 두 번째 단락 "중력파가 통과하며 공간의 수축과 팽창이 반복되면 빛이 지나는 두 경로의 길이 차가 시간에 따라 변화하고 광검출기에서 측정되는 빛의 세기가 그에 따라 변화한다. 이를 측정하면 중력파의 세기와 진동수를 알아낼 수 있다."로부터 중력파는 레이저 간섭계의 경로 길이 변화로 감지함을 알 수 있다.

② 제시문 네 번째 단락 "간섭계는 결국 광검출기에서 빛의 세기를 측정하는 것인데 양자 물리에서 빛은 '광자'라고 부르는 입자로 여겨지며 이때 빛의 세기는 광자의 개수에 비례한다."와 "광자의 개수를 늘리면 산탄 잡음에 의한 신호대잡음비를 증가시킬 수 있는데 공진기는 그 안에 레이저 빛을 가둠으로써 간섭계 내부의 광자 개수를 증가시키는 역할도 한다."로부터 공진기가 간섭계 내부에서 빛의 세기를 증가시키는 역할을 한다는 것을 알 수 있다.

④ 제시문 다섯 번째 단락 "빛의 입자적 성질은 간섭 신호에 '복사압 잡음'이라고 불리는 또 다른 잡음을 일으키는데"와 "광자 개수의 요동이 거울의 요동과 그에 따른 간섭계 경로 길이의 요동을 유발하여 간섭신호의 잡음으로 나타나는데"로부터 복사압 잡음이 광자 개수의 요동 때문에 발생한다는 것을 알 수 있다.

⑤ 제시문 다섯 번째 단락 "또한 거울의 요동은 힘이 작용하는 시간이 길수록 더 커지므로 복사압 잡음에 의한 신호대잡음비는 진동수가 작을수록 급격히 감소하며"로부터 복사압 잡음에 의한 신호대잡음비는 진동수가 클수록 커진다는 것을 알 수 있다.

예제 2-3 　　　　　　　　　　　정답 ①

문제 풀이

이 문항의 해결을 위해서는 '객관적 가치론'과 '주관적 가치론', 그리고 '사회적 가치'에 관한 '경제학적 관점'과 '사회학적 관점'에 대한 논의를 제시문을 통해 정확하게 파악해야 한다.

정답 해설

제시문 첫 번째 단락 "고전학파 경제학자들은 재화 생산에 투입된 노동량에 의해 가격이 결정된다는 '객관

적 가치론'을 주창했다. 이러한 가치론은 노동의 존엄과 생산적 활동을 중시하는 당대의 가치 규범 위에 세워졌다."와, 두 번째 단락 "… 시장의 힘이 커지면서 가격이 가치 규범과 괴리를 보이고 그 규범에 부정적 영향을 미치는 현상까지 빚어진다. 투기적 활동이 높은 가격을 부여받는다면 사람들은 생산적 기여 없이 돈을 버는 행위를 꺼리지 않게 되고 가격이 매겨지지 않는 덕목들을 무가치한 것으로 인식하게 될 것이다."를 대조하면, '객관적 가치론'은 가격에 의한 가치 규범의 변화에 대해 비판적 입장을 취할 것이라고 이해할 수 있다.

오답 해설

② 제시문 첫 번째 단락 "그러나 오늘날에는 가치의 핵심을 소비자의 욕구 충족에서 찾고, 재화의 유용성에 관한 각자의 판단을 중시하는 '주관적 가치론'이 대세가 되었다. 이는 시장에 의해 수요자의 욕구 및 공급자의 비용에 관한 정보가 가격으로 표출되고, 시장 참여자들이 이를 신호등 삼아 의사결정을 하는 과정에서 각자의 욕구가 충족되고 자원이 효율적으로 배분되는 현상에 주목한다."로부터 '주관적 가치론'은 소비자의 욕구를 중시하는 만큼이나 공급자의 비용도 중요하게 취급한다는 것을 확인할 수 있으므로, 이 선택지는 윗글에 대한 이해로 적절하지 않다.

③ 제시문 첫 번째 단락 "… 가치의 핵심을 소비자의 욕구 충족에서 찾고, 재화의 유용성에 관한 각자의 판단을 중시하는 '주관적 가치론'이 대세가 되었다."와 세 번째 단락 "'사회학적 관점'에서는 가치를 인간의 삶에서 궁극적으로 바람직한 것으로 이해하며 규범으로서의 가치를 강조한다."로부터 가치의 문제를 사람들의 욕구 충족이라는 측면에서 판단하는 것은 '사회학적 관점'이 아니라 '주관적 가치론'임을 확인할 수 있다.

④ 제시문 세 번째 단락 "'경제학적 관점'에서는 시장 실패 현상에 주목해"와 두 번째 단락 "시장 거래 과

정에는 거래 쌍방의 편익과 비용에 더해 제3자의 편익과 비용도 발생하는 '외부성'이 존재한다. 그리고 공급자가 요구하는 가격을 지불할 능력이 없는 사람은 시장에서 배제되는 현상도 발생한다. 이러한 시장실패에 더해", 그리고 네 번째 단락 "… 시장의 가격기구에 반영되지 않거나 비용이 회수되지 못한 편익에 초점을 맞추고 화폐 단위로 측정가능한 결과와 인센티브를 강조한다는 점에서 '경제학적 관점'을 반영한다."로부터 '경제학적 관점'이 가치를 의미하는 욕구 충족 또는 편익과 가격의 괴리 현상에 주목하고 있음을 확인할 수 있다.

⑤ 제시문 세 번째 단락 "'경제학적 관점'에서는 시장실패 현상에 주목해, 외부성으로 인해 누군가의 욕구를 충족시켰으나 그 비용이 회수되지 못한 편익과 지불 능력 부족으로 인해 기존의 시장을 통해서는 채워지지 못했던 편익을 사회적 가치로 이해하는 흐름을 보인다."와 다섯 번째 단락 "… 정부로부터 50만 원의 고용지원금을 받는다면, 먼저 취약계층 계정에서 150만 원의 편익이 발생한다."로부터 고용지원금은 외부성의 강화가 아니라 시장을 통해서는 채워지지 못했던 편익의 새로운 창출을 통해 '사회적 가치'를 제고한다는 점을 통해 확인할 수 있다. 한편, 시장을 통해서는 채워지지 못했던 편익의 새로운 창출도 아주 넓게 보아 외부성에 포함된다는 제시문에서 설명된 것과는 다른 이견을 제시하더라도 이때의 외부성은 경제학적 개념상 강화되는 것이 아니라 해소되는 것으로 보아야 한다는 점에서도, "취약계층을 고용하는 기업에 제공되는 고용지원금은 '외부성'을 강화해 '사회적 가치'를 제고할 것"이라는 진술은 적절하지 않다.

예제 2-4

문제 풀이

제시문에 주어진 정보를 바탕으로 세포 내 단백질 합성 장소에 따라 정해지는 최종 단백질 수송 장소를 정확히 파악해야 한다. 특히 정보 조회 지점이 두 군데일 경우 독해에 더욱 신중을 기해야 한다.

정답 해설

제시문 세 번째 단락 "세포질에서 독립적으로 존재하는 리보솜에서 완성된 단백질은 주로 세포질, 세포핵·미토콘드리아와 같은 세포 내 소기관으로 이동하여 기능을 수행한다. 반면 소포체 위의 리보솜에서 합성이 끝난 단백질은 세포 밖으로 분비되든지, 세포막에 위치하든지, 또는 세포 내 소기관들인 소포체나 골지체나 리소솜으로 이동하기도 한다."로부터 미토콘드리아로 수송되는 단백질은 세포질에서 독립적으로 존재하는 리보솜에서, 세포막에 위치하는 단백질은 소포체 위의 리보솜에서 합성된다는 사실을 확인할 수 있다. 즉 이 두 단백질은 서로 다른 곳에서 합성된 것이다.

오답 해설

① 제시문 세 번째 단락 "반면 소포체 위의 리보솜에서 합성이 끝난 단백질은 세포 밖으로 분비되든지, 세포막에 위치하든지, 또는 세포 내 소기관들인 소포체나 골지체나 리소솜으로 이동하기도 한다."와 두 번째 단락 "… 세포막에 고정되어 위치하는 단백질은 외부의 신호를 안테나처럼 받아들이는 수용체 역할을 하거나 … "로부터 세포막에서 수용체 역할을 하는 단백질은 소포체 위의 리보솜에서 합성된 것임을 알 수 있다.

② 제시문 세 번째 단락 "세포질에서 독립적으로 존재하는 리보솜에서 완성된 단백질은 주로 세포질, 세포핵·미토콘드리아와 같은 세포 내 소기관으로 이동하여 기능을 수행한다."로부터 알 수 있다.

③ 제시문 세 번째 단락 "반면 소포체 위의 리보솜에서 합성이 끝난 단백질은 세포 밖으로 분비되든지, 세포막에 위치하든지, 또는 세포 내 소기관들인 소포체나 골지체나 리소솜으로 이동하기도 한다."와 네 번째 단락 "일부 소포체에서 기능하는 효소는 소포체 위의 리보솜에서 단백질 합성을 완료한 후 골지체로 이동하여 변형된 다음 소포체로 되돌아온 단백질이다."로부터 골지체에서 변형된 후 소포체로 돌아온 단백질은 소포체 위의 리보솜에서 합성된 것임을 알 수 있다.

④ 제시문 세 번째 단락 "세포질에서 독립적으로 존재하는 리보솜에서 완성된 단백질은 주로 세포질, 세포핵·미토콘드리아와 같은 세포 내 소기관으로 이동하여 기능을 수행한다. 반면 소포체 위의 리보솜에서 합성이 끝난 단백질은 세포 밖으로 분비되든지, 세포막에 위치하든지, 또는 세포 내 소기관들인 소포체나 골지체나 리소솜으로 이동하기도 한다."로부터 세포핵으로 수송되는 단백질은 세포 밖으로 분비되는 단백질과 다른 곳에 위치한 리보솜에서 합성된 것임을 확인할 수 있다.

예제 2-5

정답 ③

문제 풀이

부랑인 관련 정책이 '갱생' 및 '보호'를 지향하고 있었음에도 불구하고 하위 법령을 통해서는 여전히 인신 구속과 격리를 감행했던 점, 사회복지 법령들을 마련하였지만 제도적 기반이 충분치 않아 제대로 구현되지 못한 점 등을 정확하게 이해하도록 한다.

정답 해설

제시문 네 번째 단락 "신원이 확실하지 않은 자들을 마구잡이로 잡아들임에 따라 수용자 수가 급증한 국영 또는 사설 복지기관들은 국가보조금과 민간 영역의 후원금으로 운영됨으로써 결국 유사 행정기구로 자리매김했다. 그중 일부는 국가보조금을 착복하는 일도 있었다."와 여섯 번째 단락 "국민의 인권과 복리를 보장할 국가적 책무를 상당 부분 민간 영역에 전가시킴으로써 비용 절감을 추구했다."로부터 부랑인의 수용에서 행정기관과 민간 복지단체가 상호 협력적인 관계에 있었음을 알 수 있다. 즉 행정기관은 국가적 책무를 민간 복지기관에 전가시킬 수 있었고, 민간 복지기관은 국가보조금으로 운영되었다.

오답 해설

① 제시문 세 번째 단락에서 부랑인 정책은 격리 중심에서 갱생 중심으로 초점이 옮겨갔음을 알 수 있다.

② 제시문 네 번째 단락 "〈아동복리법 시행령〉은 부랑아 보호시설의 목적을 '부랑아를 일정 기간 보호하면서 개인의 상황을 조사·감별하여 적절한 조치를 취함'이라 규정했으나, …"로부터 부랑아의 시설 수용 기간에 한도를 두는 규정이 법령에 존재했음을 알 수 있다.

④ 제시문 네 번째 단락 "개척의 터전으로 총진군했던 부랑인 가운데 상당수는 가혹한 노동조건이나 열악한 식량 배급, 고립된 생활 등을 이유로 중도에 탈출했다. 토지 개간과 간척으로 조성된 농지를 분배 받기를 희망하며 남아 있던 이들은 많은 경우 약속된 땅을 얻지 못했으며, 토지를 분배 받은 경우라도 부랑인 출신이라는 딱지 때문에 헐값에 땅을 팔고 해당 지역을 떠났다."로부터 개척단원이 되어 도시를 떠난 부랑인은 대부분 개척지에 안착하지 못했음을 알 수 있다.

⑤ 제시문 첫 번째 단락 "부랑인에 대한 사회복지 법령들도 이 무렵 마련되기 시작했는데, 〈아동복리법〉에 '부랑아보호시설' 관련 규정이 포함되었고 〈생활보호법〉에도 '요보호자'를 국영 또는 사설 보호시설에 위탁할 수 있음이 명시되었다."로부터 부랑인 정책은 사회복지 제공의 성격도 갖고 있었음

을 알 수 있다. 물론 네 번째 단락 "사회복지를 위한 제도적 기반이 충분히 갖추어져 있지 않은 상황에서 사회법적 '보호' 또한 구현되기 어려웠다."에서 알 수 있듯 실질적으로 온전히 구현되지는 않았으나, 그렇다고 사회복지 제공의 성격 자체가 부재했다고 볼 수는 없다.

예제 2-6　　　　　　　　　정답 ⑤

정답 ⑤

문제 풀이

제시문 첫 번째 단락에서 수피 종단들의 항쟁 가능 이유를 물은 후, 두 번째 단락에서는 수피즘과 수피 종단에 대해서 내용 및 성립 시기 등을 설명하고 있다. 세 번째 단락에서는 북아프리카에서 수피 종단이 가진 위상과 역할을 설명하고, 네 번째 단락에서는 수피즘에서 성자로 추앙하는 왈리의 능력과 그에 대한 믿음을 소개한다. 다섯 번째 단락에서는 북서 아프리카에서 특별히 추앙되는 왈리인 무라비트에 대해 설명하고, 알제리와 리비아의 항쟁 지도자인 압드 알 카디르와 아흐마드 알 샤리프가 무라비트였음을 설명한다. 여섯 번째 단락에서는 수단의 지도자인 무함마드 아흐마드가 구원자로 여겨지는 마흐디라고 선언하여 결속력을 만들어 항쟁을 주도하는 과정을 설명한다. 일곱 번째 단락은 마무리로서 전반적인 설명을 축약하여 제시하고 있으므로 이 단락들의 독해를 통해 각 선택지의 진위 여부를 확인하도록 한다.

정답 해설

제시문 두 번째 단락 "수피 종단은 지역과 시기에 따라 성쇠를 거듭했지만, 점차 많은 동조자를 얻었다."로부터, 수피즘이 결과적으로 쇠락한 것이 아니라 성공적으로 신자를 늘려갔음을 알 수 있다.

오답 해설

① 제시문 세 번째 단락 "북아프리카의 경우, 수피 종단들은 한동안 쇠락하다가 18세기 이후 강력하게 재조직되어 선교와 교육기관의 역할"을 했음을 알 수 있다. 같은 단락 "북아프리카의 경우, … 알제리 항쟁을 이끌었던, … 리비아 항쟁" 및 여섯 번째 단락 "북동 아프리카에서 일어난 수단 항쟁"을 통해 알제리, 리비아, 수단은 모두 북아프리카에 속함을 알 수 있다. 따라서 윗글과 일치한다.

② 제시문 네 번째 단락의 "와하비즘은 성인을 인정하지 않고, 심지어 은사를 받기 위해 예언자 무하마드의 묘소에서 기도하는 것도 알라 외의 신성을 인정하는 것이라고 보아 배격했다."라는 것은, 알라만을 섬기는 일신교적 원칙에 집착한다는 뜻이다. 따라서 윗글과 일치한다.

③ 제시문 두 번째 단락 "수피즘은 신과의 영적 합일을 통한 개인적 구원을 추구한다. … 9세기에는 독특한 신비주의 의식이 나타났다."로부터, 수피즘에 고유한 영적 의식이 있었음을 알 수 있고, 일곱 번째 단락 "수피즘의 의식에 참여한 이들 간에 생기는 형제애는 초국가적 조직망의 형성과 상호 협조를 가능하게 했다."로부터, 영적 의식 참여로 생성된 연대감이 국제적 조직망 구성을 가능하게 했음을 알 수 있다. 따라서 윗글과 일치한다.

④ 제시문 두 번째 단락에 따르면, "수피즘을 따르는 이들인 수피는 속세의 욕심에서 벗어나 모든 것을 신께 의탁하며, 금욕적으로 살고자 했다." 세 번째 단락에 따르면, "북아프리카의 경우, 수피 종단들은 … 선교와 교육기관의 역할도 담당했고, 지역 밀착을 통해 생활 공동체를 형성하는 구심점"이 되었다. 따라서 윗글과 일치한다.

예제 3-1　정답 ⑤

문제 풀이

개인정보 비식별화 기술인 k-익명성에서 k 값과 동질
집합의 의미를 정확히 이해하고 k 값의 변화에 따른
동질집합의 크기, 동질집합의 수, 레코드 잔존율, 재
식별 가능성의 변화를 정확히 추론하여 각 선택지의
진위 여부를 확인하도록 한다.

정답 해설

제시문 세 번째 단락 "k-익명성은 비식별 처리로 만
들어진 동질집합의 크기가 k개 미만인 동질집합을 모
두 삭제하여 동질집합의 크기가 k개 이상 될 수 있도
록 만든다."와 마지막 단락 "레코드 잔존율은 원본 데
이터 집합의 총 레코드 수 대비 비식별 데이터 집합
의 총 레코드 수를 백분율로 나타낸 지표이다."로부터
레코드 잔존율이 증가했다는 것은 k 값이 낮아졌음을
알 수 있다. k-익명성은 동질집합의 크기가 k개 이상
될 수 있도록 만드는 것이므로 k 값이 낮아짐에 따라
동질집합의 크기들 중 최솟값도 작아짐을 알 수 있다.

오답 해설

① 제시문 세 번째 단락 "k-익명성은 비식별 처리로
만들어진 동질집합의 크기가 k개 미만인 동질집합
을 모두 삭제하여 동질집합의 크기가 k개 이상 될
수 있도록 만든다."와 마지막 단락 "레코드 잔존율
은 원본 데이터 집합의 총 레코드 수 대비 비식별
데이터 집합의 총 레코드 수를 백분율로 나타낸 지
표이다."로부터 k를 낮추면 삭제되는 레코드가 줄
어들거나 유지되므로 재식별 가능성과 레코드 잔
존율이 증가하거나 유지됨을 알 수 있다.

② k를 낮추면 동질집합의 수가 증가하거나 유지되지
만 동질집합의 크기가 같아지지는 않는다.

③ k를 높이면 동질집합의 크기가 커지므로 재식별 가
능성은 감소하고 동질집합의 레코드 수는 증가한다.

④ k를 높이면 동질집합의 크기가 커지므로 동질집합
의 수는 감소하거나 유지된다. 그러나 "비식별 데
이터 집합에서 준식별자 속성값들이 모두 동일한
레코드들의 집합을 동질집합"이므로 동질집합은
민감속성과는 관련이 없다.

예제 3-2　정답 ⑤

문제 풀이

제시문 두 번째 단락과 세 번째 단락은 벤야민이 자
연법론과 법실증주의의 차이를 어떻게 이해하고 있는
지, 이 둘 중 어느 쪽이 폭력 비판의 가설적 토대로서
더 적합하다고 판단하며 그 근거는 무엇인지, 자연법
론과 법실증주의가 공유하는 전제 및 문제점이 무엇
인지에 대해 서술하고 있다. 이 문항은 벤야민이 이
해한 자연법론과 법실증주의의 특성과 한계를 주어진
정보에 따라 옳게 해석하고 있는지 묻는 문항이다.

정답 해설

제시문 세 번째 단락 "법이 스스로 저지르는 폭력만을
정당한 '강제력'으로 상정하고 다른 모든 형태의 폭력
적인 것들은 '폭력'으로 치부하는 문제에 관해 양편 모
두 충분한 관심을 두지 않아 왔음을 지적했다."로부터
법적으로 승인된 폭력으로서의 강제력이 스스로를 법
바깥의 폭력들과 차등화하는 문제에 자연법론과 법실
증주의 모두 주목하고 있지 않음을 알 수 있다.

오답 해설

① 제시문 두 번째 단락 "고전적인 자연법론은 법 창
출과 존속의 근거를 신이나 자연, 혹은 이성과 같
은 형이상학적이고 외부적인 실체의 권위로부터
구한다."로부터 자연법론은 정당성 판단의 준거가
될 법적 권위를 법 바깥으로부터 구할 것임을 알

수 있다.

② 제시문 두 번째 단락 "법실증주의는 폭력을 수단으로 사용하기 위한 절차적 정당성이 확보되었는지 여부에 주목한다."로부터 법실증주의는 수단의 절차적 정당성 여부에 따라 법의 폭력성을 판단해야 한다고 주장할 것임을 알 수 있다.

③ 제시문 세 번째 단락 "정당화된 수단이 목적의 정당성을 보증한다고 보는 경우든 정당한 목적을 통해 수단이 정당화될 수 있다고 보는 경우든, 목적과 수단의 상호지지적 관계를 전제로 폭력의 정당성을 판단한다."로부터 자연법론과 법실증주의는 목적과 수단 중 어느 한쪽이 정당화되면 다른 쪽의 정당성도 보증된다고 전제할 것임을 알 수 있다.

④ 제시문 두 번째 단락 "벤야민은 자연법론보다는 법실증주의가 폭력 비판의 가설적 토대로 더 적합하다고 판단했다."와 "근본규범으로 전제된 헌법으로부터 법 효력의 근거를 도출하는 법실증주의는 법체계의 자기정초적 성격을 강조함으로써 법 제정 과정의 폭력을 읽어낼 단서를 제공해 주어, 폭력 보존의 계보에 대한 비판적 탐색을 가능케 하기 때문이다."로부터 자연법론보다 법실증주의가 법의 정립과 보존 과정에 내재된 폭력을 발견하는 데에 더 유용할 것임을 알 수 있다.

예제 3-3   정답 ④

문제 풀이

제시문 세 번째 단락에서 "어떤 사람이 현상적 의식이 없는 경우 그는 감응력이 없을 것이다. 그런데 거꾸로 감응력이 없다고 해서 꼭 현상적 의식을 가지지 못하는 것은 아니다."라고 말하고 있고, "감응력은 수동적인 측면을 넘어서 그런 정보를 바라거나 피하고 싶다는 능동적인 측면을 포함한다."라고 말하고 있다. 이

로 보아 감응력은 현상적 의식의 일부 개념이고, 현상적 의식은 감응력이 있는 현상적 의식과 감응력이 없는 현상적 의식으로 나뉘는 것을 알 수 있다.

정답 해설

제시문 두 번째 단락에서 "커루더스는 고차원적 의식을 감응력의 기준으로" 본다고 말하고 있다. 따라서 커루더스가 현상적 의식이 있지만 감응력이 없는 존재를 고차원적 의식이 없다고 생각한다는 진술은 적절하다.

오답 해설

① 제시문 다섯 번째 단락에서 '감응력 마비자'는 오직 현상적 의식의 수동적 측면만을 가진 사람으로 정의하고 있다. 다시 말해서 감응력은 없지만 현상적 의식은 가지고 있다. 따라서 '감응력 마비자'는 현상적 의식을 가지고 있지 못하다는 진술은 적절하지 않다.

② 제시문 세 번째 단락에서 "감응력은 수동적인 측면을 넘어서 그런 정보를 바라거나 피하고 싶은 능동적인 측면을 포함한다."라고 말하고 있다. 따라서 감응력은 정보 접수적 측면은 없지만 능동적 측면은 있다는 진술은 적절하지 않다.

③ 제시문 세 번째 단락에서 감응력이 없이 현상적 의식만 있는 식물인간을 "의식이 없는 상태라고 판단하는 것은 어떤 자극에도 반응하지 못한다는 행동주의적 관찰 때문이다."라고 말하고 있다. 반면에 "감응력은 수동적인 측면을 넘어서 그런 정보를 바라거나 피하고 싶다는 능동적인 측면을 포함한다."라고 말한다. 그리고 "행동주의적 기준으로 포착되지 않는 심적 상태는 도덕적 고려의 대상으로 여기지 않는 것이다."라고 말한다. 이로 보아 감응력이 없는 현상적 의식과 달리 감응력은 행동주의적 기준으로 포착된다. 따라서 "현상적 의식과 달리 감응력은 행동주의적 기준으로 포착되지 않는다."라는 진술은 적절하지 않다.

⑤ 제시문 두 번째 단락에서 싱어는 "감응력을 도덕적 고려의 기준으로 삼는다."라고 말하고 있다. 따라

서 싱어는 감응력 없이 현상적 의식의 상태에 있는 대상은 도덕적 고려의 대상이 아니라고 본다. 그러므로 그 대상에게 위해를 가하는 것을 비윤리적이라고 주장할 것이라는 진술은 적절하지 않다.

예제 3-4

정답 ④

문제 풀이

소설의 화자에 대한 연구는 오랜 역사를 가지고 있다. 아직 소설이 등장하지 않았던 시절에도 서사 문학이 존재하고 있었기 때문에 플라톤이나 아리스토텔레스와 같은 고전적인 논의도 여전히 현대적인 의의를 지니고 있다. 대표적인 이론가들의 논의를 파악한다면, 화자에 대한 연구가 어떻게 발전해 왔는가를 알 수 있게 된다. 이를 위해 제시된 세 가지 논의의 가장 핵심적인 차이를 파악하고, 그 밑바탕에 놓여 있는 공통적인 차원을 파악해야 한다.

정답 해설

제시문 두 번째 단락을 통해 ㉠은 "순전히 화자가 보는 위치"를 기준으로 시점 분류 기준을 삼고 있다는 점을 알 수 있고 세 번째 단락을 통해 ㉡은 ㉠의 접근에 대해 반성하고, 화자가 "사건을 보는 위치"뿐만 아니라 "사건을 보는 입장"도 함께 고려하고 있다는 것을 알 수 있다. 그렇지만 ㉠과 달리 ㉡은 "화자의 역할을 이야기의 내용이나 주제와 결합"시켰고 또한 여기에 '이념적 입장'도 포함시켰다. 따라서 ㉠과 ㉡이 "화자의 역할을 소설의 내용적 측면에서 분석하고 있다."는 공통점을 지니고 있다는 것은 적절하지 않다.

오답 해설

① 제시문 두 번째 단락 "이들의 논의는 삼인칭 시점에서 '화자'의 시점을 '작가'의 시점으로 치환하였고"를 통해 현실에 존재하는 작가와 작가가 창조한 화자를 개념적으로 구분하지 않고 있다는 것을 알 수 있다.

② 제시문 세 번째 단락에서 ㉡은 "화자를 작가가 창조한 세계를 보여주는 인식틀"이라고 언급하고 있다. 소설의 양식적 특성으로 인해 독자들은 화자의 말을 통해서만 허구 세계에 대한 정보를 받을 수 있기 때문에 화자는 이야기의 수용자인 독자에게 영향을 미친다는 것을 알 수 있다.

③ 제시문 네 번째 단락에서 플라톤은 이야기하는 사람의 '진정성'을 언급하면서, 주관적인 논평을 덧붙여 이야기에 이야기하는 사람의 흔적이 느껴지도록 하여 이야기되는 것이 실재가 아니라 가상이라는 사실을 잊지 않도록 하는 것이 진정성 있는 태도라고 판단하고 있다는 점을 알 수 있다.

⑤ 제시문 세 번째 단락을 통해 ㉡은 화자가 "사건을 보는 위치"뿐만 아니라 "사건을 보는 입장"도 함께 고려하고 있다고 했는데, 여기에는 '이념적 입장'도 포함되어 있다. 따라서 ㉡은 독자들이 화자의 이념적 입장을 통해 작가의 (이념적) 입장을 파악할 수 있다고 믿고 있음을 추론할 수 있다. 그리고 네 번째 단락을 통해 ㉢은 이야기하는 사람이 이야기되는 내용을 실재인 것처럼 말하는가 그렇지 않은가를 두고 '진정성'을 언급했다는 점에서 화자를 통해서 작가의 태도를 파악할 수 있다고 믿고 있음을 알 수 있다.

예제 3-5

문제 풀이

배너지와 뒤플로의 견해가 가진 다양한 측면을 이해하고 각 측면과 관련하여 다른 견해에 동의하는지 혹은 반대하는지 따져보도록 한다.

정답 해설

제시문 다섯 번째 단락에서 배너지와 뒤플로가 가난한 사람들의 수요를 중시한다는 것을 확인할 수 있고, 두 번째 단락에서 이스털리도 사람들의 필요를 중시한다는 것을 확인할 수 있다.

오답 해설

① 배너지와 뒤플로는 제도보다 "구체적인 현실에 대한 올바른 이해에 기초한 정책을 강조한다." 반면 애쓰모글루는 "지속적인 성장을 위해서는 사회 전체의 이익에 부합하는 경제제도가 채택될 수 있도록 정치제도가 먼저 변화해야 한다고 주장한다."

③ 배너지와 뒤플로는 "나쁜 제도가 존재하는 상황에서도 제도와 정책을 개선할 여지는 많다"고 보고 있으므로, 거대한 문제의 해결을 우선하는 입장이라고 할 수 없다. 반면 콜리어는 "제도의 중요성을 강조한 나머지 외국의 역할과 관련해 극단적인 견해를 내놓는"다는 점에서 거대한 문제를 우선한다는 것을 알 수 있다.

④ 배너지와 뒤플로는 "나쁜 제도가 존재하는 상황에서도 제도와 정책을 개선할 여지는 많다"고 보고, "모든 문제에는 저마다 고유의 해답이 있"음을 강조하며 구체적인 정책의 내용을 중시한다. 제시문 두 번째 단락에 따르면, 정부가 부패할 경우 원조에 대해 회의적인 이스털리에 대해, "삭스는 가난한 나라 사람들의 소득을 지원해 빈곤의 덫에서 빠져나오도록 해야 생활수준이 높아져 시민사회가 강화되고 법치주의가 확립될 수 있다고 주장한다." 따라서 배너지와 뒤플로가 "정부가 부패해도 정책이 성과를 낼 수 있다고 보는 점에서 삭스에 반대한다."라는 것은 적절하지 않다.

⑤ 배너지와 뒤플로는 "일반적인 해답의 모색 대신 "모든 문제에는 저마다 고유의 해답이 있다."는 관점에서 빈곤 문제에 접근해야 한다고 주장"한다.

예제 3-6

문제 풀이

〈보기〉에 주어진 표의 데이터를 분석하여 자외선 및 감광제 A와 B가 어떠한 기전으로 원생동물의 사멸을 유발하는지 파악한 후, 각각의 선택지들이 〈보기〉의 실험 결과에 대한 평가로 적절한지 여부를 따져보도록 한다.

정답 해설

〈보기〉 표의 데이터로부터 감광제 A를 원생동물에 가하고 녹색 빛을 쪼여주었을 경우 항산화제가 없을 경우 0%의 생존율을 보이고 항산화제가 있을 경우 80%까지 생존율이 증가하는 것을 알 수 있다. 또한 감광제 A를 원생동물에 가하고 적색 빛을 쪼여주었을 경우 항산화제의 존재 여부와 무관하게 80%의 생존율을 보이는 것을 알 수 있다. 이로부터 감광제 A는 빛과 관계없이 20%의 원생동물을 사멸시킨다는 것을 알 수 있고, 녹색 빛에 의해 활성산소종을 발생시켜 추가로 80%의 원생동물을 사멸시켜 생존율을 0%로 만든다는 것을 도출할 수 있다. 적색 빛을 쪼였을 경우 항산화제의 존재 여부에 따라 생존율이 변화하지 않으므로 감광제 A는 적색 빛에 의해 활성산소종을 만들지 않는다는 것도 알 수 있다. 그러므로 이 선택지는 〈보기〉의 실험 결과에 대해 평가한 것으로 적절하지 않다.

① 〈보기〉 표의 데이터로부터 감광제 A를 원생동물에 가하고 아무 빛도 쪼여주지 않았을 경우 항산화제의 존재 여부와 무관하게 80%의 생존율을 보이는 것을 알 수 있고 이것은 감광제를 처리하지 않은 경우와 감광제 B를 처리한 경우 보여 주는 100%의 생존율에 비해 적은 값이므로 감광제 A는 빛에 의한 활성산소종의 생성과 무관한 독성을 일부 가지고 있는 것으로 추론할 수 있다.

③ 〈보기〉 표의 데이터로부터 감광제 B를 원생동물에 가하고 녹색 빛을 쪼여주었을 경우 항산화제가 없을 경우 70%의 생존율을 보이고 항산화제가 있을 경우 100%까지 생존율이 증가하는 것을 알 수 있다. 또한 감광제 B를 원생동물에 가하고 적색 빛을 쪼여주었을 경우 항산화제가 없을 경우 0%의 생존율을 보이고 항산화제가 있을 경우 100%까지 생존율이 증가하는 것을 알 수 있다. 이로부터 적색 빛에 의해서 감광제 B에서 발생한 활성산소종은 원생동물을 모두 사멸시키고 녹색 빛에 의해서 감광제 B에서 발생한 활성산소종은 30%의 원생동물을 사멸시킨다는 것을 추론할 수 있으므로 감광제 B는 적색 빛뿐 아니라 녹색 빛에 의해서도 활성산소종을 만들어낸다는 것을 알 수 있다.

④ 〈보기〉 표의 데이터로부터 A와 B는 빛이 존재하지 않을 경우 항산화제의 존재 여부와 무관하게 각각 80%와 100%의 생존율을 보인다는 것을 알 수 있다. 빛이 없을 경우 항산화제의 첨가가 생존율에 영향을 미치지 않았으므로 감광제 A는 활성산소종과 무관한 독성을 일부 가지고 있고 감광제 A와 B는 빛이 없을 경우 활성산소종을 만들지 않는다는 것을 알 수 있다.

⑤ 〈보기〉 표의 데이터로부터 자외선을 쪼이면 항산화제가 없을 경우 0%의 생존율, 항산화제가 있을 경우 40%의 생존율을 보이는 것을 알 수 있다. 이는 자외선을 쪼인 경우 40%의 원생동물이 자외선을 쪼여서 발생하는 활성산소종에 의해 사멸하고 60%의 원생동물 사멸은 활성산소종과 무관한 자외선의 독성에 의한 것임을 추론할 수 있다. 그런데 같은 조건에서 감광제 A를 추가하였을 경우 항산화제가 있을 경우 32%의 생존율이 나타나는데, 이는 감광제 A가 활성산소종의 생성과는 무관한 독성을 가지고 있어 A의 첨가만으로도 20%의 원생동물이 사멸하기 때문이다. (자외선과 A, 항산화제를 같이 처리한 경우 자외선이 가지고 있는 활성산소종과 무관한 독성에 의해 40%만이 살아남고 추가로 A의 독성에 의해 40% 중 20%가 사멸하므로 최종적인 생존율은 40%×80%=32%로 계산된다.) 자외선과 B를 같이 가한 경우도 항산화제가 있을 경우에는 B가 없이 자외선만 쪼인 경우와 마찬가지로 40%의 생존율을 보였으므로 A와 마찬가지로 B의 경우도 자외선을 쪼인다고 추가로 활성산소종을 생성하지는 않는 것으로 추론할 수 있다.

예제 4-1　　　　　　　　　　정답 ⑤

문제 풀이

제시문에 따르면 인공 감정은 현실적으로 만들기가 어려울뿐더러 설사 만들 수 있다 해도 그것이 인간의 감정과 같은지 판단하기가 어렵다. 즉 인공 감정은 진정한 감정이라고 볼 수 없다는 것이다. 이런 주장에서 나오는 귀결 중 하나인 ㉠에 대해 논리적이고 설득력 있는 비판을 제시해 보도록 한다.

정답 해설

제시문 다섯 번째 단락에서는 "로봇이 감정을 가지기 위해서는 감정을 인식하고 표현하는 데 그쳐서는 안 되고 내적인 감정을 생성할 수 있어야" 하는데, "거기에는 현실적으로 상당히 어려운 전제 조건이 만족되어야 한다."라고 말하고 있다. 여기서 꼭 내적인 감정만이 감정의 핵심적인 역할을 수행할 수 있느냐는 근본적인 문제 제기를 할 수 있다. 인공물인 비행기가 비록 새와 방식은 다르더라도 비행이라는 기능을 수행하는 한 비행기가 '진정한 비행'을 하는 것이 아니라고 할 이유가 없다면, 이는 감정의 경우에도 마찬가지이기 때문이다. 즉 어떤 방식으로든 감정의 핵심 역할을 수행하는 한, 로봇의 감정 또한 '진정한 감정'인 것이다. 따라서 이 선택지는 적절한 문제 제기이다.

오답 해설

① 이 선택지는 감정이 있는 로봇이라 해도 도덕 공동체에 받아들이기 주저되는 경우를 제시하는 것으로 볼 수 있다. 그러나 이것은 '진정한 감정'이 없는 로봇에 대한 주장인 ㉠과는 무관하다. 더군다나 로봇이 감정에 휩싸여 복잡하고 예측 불가능한 환경에 잘 적응할 수 없다면, 사실 그 로봇은 제시문 필자의 견해에 따를 때 '진정한 감정'을 갖고 있는 존재가 아니다. 감정을 갖기 위한 전제 조건을 만족하지 못하고 있기 때문이다. 따라서 제시문의 필자는 그러한 로봇은 당연히 도덕 공동체에 받아들일 이유가 없다는 원래의 주장을 견지할 것이다.

② 제시문 다섯 번째 단락에 따르면 "로봇이 감정을 가지기 위해서는 감정을 인식하고 표현하는 데 그쳐서는 안 되고 내적인 감정을 생성할 수 있어야 한다." 따라서 인간처럼 감정을 인식하고 표현하는 인공 감정 연구가 상당한 수준에 올라 있다는 것 자체만으로는 ㉠에 대한 적절한 문제 제기가 될 수 없다. 그러한 감정이 내적인 감정임을 보여야 그 감정을 소유하고 있는 로봇을 도덕 공동체에 받아들여야 한다고 비로소 주장할 수 있다.

③ ㉠은 만약 로봇이 진정한 감정을 갖는다면 도덕 공동체에 받아들이는 것을 고려해야 한다는 것을 함의한다. 따라서 ③은 제시문의 필자도 충분히 받아들일 만한 주장이다.

④ ㉠은 만약 로봇이 진정한 감정을 갖는다면 도덕 공

동체에 받아들이는 것을 고려해야 한다는 것을 함의한다. 이에 반해 선택지는 로봇이 설사 내적 감정을 갖는다고 해도 반드시 도덕 공동체에 포함되어야 할 이유는 없다는 주장이다. 그런데 내적 감정, 즉 진정한 감정을 가진 존재를 단지 로봇이라는 이유만으로 도덕 공동체에 받아들일 수 없다는 주장이 설득력을 갖기 위해서는 그 근거를 추가적으로 제시할 필요가 있다. 왜냐하면 내적 감정을 가진 로봇이라면 "인간의 감정을 읽고 인간과 상호작용하는" 것이 가능할 것이기 때문이다.

예제 4-2

정답 ①

문제 풀이

19세기 말~20세기 초 미국에서 규제국가가 탄생한 역사적 변화에 제시문에서 설명된 제도가능곡선 모델을 적용한 후 각 선택지의 반응이 적절한 것인지 평가해 보도록 한다.

정답 해설

〈보기〉에서 철도회사와 대기업이 발달하면서 소송에서 불평등이 심해지고 사회의 갈등 해결 능력이 약화되었음을 알 수 있다. 따라서 제시문 다섯 번째 단락의 "불평등이 강화되거나 갈등 해결 능력이 약화되는 역사적 변화를 경험하면 이 곡선이 원점에서 멀어지는 방향으로 이동한다."라는 기술을 바탕으로, 제도가능곡선이 원점에 더 가까워지는 방향으로 이동했다는 반응이 적절하지 않음을 알 수 있다.

오답 해설

② 제시문 마지막 단락의 "제도가능곡선 모델을 통해 효율성 시각에서 제도의 선택에 대해 체계적인 설명을 제시"라는 기술을 통해 제도가능곡선 모델에

따르면 효율적인 제도가 선택된다는 것을 알 수 있다. 따라서 〈보기〉의 "소송 당사자들 사이에 불평등이 심하지 않았던 때에는 민사소송이 담당했던 독과점, 철도 요금 책정, 작업장 안전, 식품 및 의약품의 안전성 등과 같은 많은 문제들"이라는 기술에서 철도회사와 대기업이 발달하기 전에는 많은 문제의 해결을 민사소송에 의존하는 것이 효율적이었음을 알 수 있다.

③ 제도가능곡선 모델에 따르면 효율적인 제도가 선택된다는 것을 알 수 있다. 그리고 〈보기〉에서 "19세기 후반에 미국에서는 새롭게 발달한 철도회사와 대기업들이 고객과 노동자들에게 피해를 주고 경쟁자들의 진입을 막으며 소송이 일어나면 값비싼 변호사를 고용하거나 판사를 매수하는 일이 다반사로 일어났다. 이에 대한 대응으로 19세기 말~20세기 초에 진행된 진보주의 운동으로 인해 규제국가가 탄생"한 것이 "민사소송이 담당했던 독과점, 철도 요금 책정, 작업장 안전, 식품 및 의약품의 안전성 등과 같은 많은 문제들에 대한 사회적 통제를, 연방정부와 주정부의 규제당국들이 담당하게 된 것"임을 알 수 있다. 따라서 19세기 후반에 일어난 변화로 인해 제도가능곡선이 이동한 상황에서는 규제국가의 탄생으로 인해 무질서 비용과 독재 비용을 합한 사회적 총비용이 최소화되었음을 알 수 있다. 그러므로 규제국가의 탄생으로 인해 사회적 총비용은 19세기 후반보다 줄었음을 알 수 있다.

④ 위의 선택지 ③에 대한 설명과 같은 이유에서 규제국가가 19세기 후반에 일어난 변화로 인해 많은 문제에서 제도가능곡선의 모양과 위치가 변화한 것에 대응하여 효율적 제도 선택이 일어난 결과였음을 알 수 있다.

⑤ 철도회사와 대기업이 발달한 이후에 제도가능곡선의 위치가 이동함과 동시에, 소송 당사자들 사이의 불평등과 사법부의 부패가 심해짐에 따라 무질서 비용이 크게 늘어나 동일한 정도의 국가 개입 증가

가 더 많은 무질서 비용의 감소를 수반하는 방향으로 곡선의 모양이 더욱 가팔라졌음을 알 수 있다. 그 결과로 접점이 민사소송에서 정부 규제로 변화한 것이다.

예제 4-3 정답 ③

문제 풀이

〈보기〉에서 최재서는 모더니즘 문학의 대표 작가인 이상의 「날개」를 리얼리즘 문학의 관점으로 비평하면서, 문학 비평에는 정해진 관점이나 범주란 없다고 주장한다. 이러한 태도는 제시문에서 고진이 주장한 '풍경 속의 불안'을 느끼는 자의 태도와 같다.

정답 해설

내면과 자아를 다룬 작품에 대해 사실적 묘사를 중시하는 리얼리즘의 관점을 도입한 것은 자기 주관의 일방향성을 경계하는 태도에서 비롯된다. 고진은 이를 일컬어 풍경 안에 있음을 자각한다고 말하고 있다. 즉 이것은 '풍경 속의 불안'을 느끼는 자의 태도인 것이다.

오답 해설

① 서양 풍경화는 기하학적 투시도법을 따른다. 즉 관점을 고정한 채 대상을 재배치하는 것이다. 따라서 대상에 따라 관점이 이동할 수 있다는 의견은, 고진에게 작가의 머릿속에 있는 관념이 서양 풍경화의 방식으로 재현된다고 해석될 수 없다. 작가의 머릿속에 있는 관념이 재현되는 것은 동양의 산수화에 해당한다.

② 제시문 여섯 번째 단락에 따르면, 질문과 회의를 통해서도 "세계와 대면하는 방법을 알지 못하기에 막연한 불안이 생겨나는 사태를 막을 수는 없다." 즉 풍경의 불안을 벗어나기란 불가능하다.

④ 최재서의 평가는 「날개」가 최대한 객관적인 태도를 유지하며 개인의 내면을 사실적으로 묘사하려고 시도한다는 점을 강조한 것이다. 이는 주관을 객관적으로 재현한다는 의도를 실현하기 위한 것으로, 주관의 재현과 객관의 재현이 서로 다른 관점이라며 대립하는 태도와는 상반된다.

⑤ 풍경은 단순히 외부에 존재해서가 아니라 주관에 의해서 지각될 때 비로소 풍경이 된다는 점에서 '내적 인간'은 풍경을 지각한 이후에야 성립할 수 있는 개념이다.

예제 4-4   정답 ③

문제 풀이

[A]는 법의 해석에 있어 문언을 이루는 단어의 의미보다는 규범의 목적에 대한 고려를 중시하는 입장인데, 이를 ㉠주택가에서 야생동물을 길러서는 안 된다는 규칙에 적용하여, 들개, 길고양이, 유전자 조합 동물, 야성을 잃고 노쇠한 사자, 야생 개구리를 기르는 상황을 평가해 보도록 한다.

정답 해설

비록 들개가 전형적인 야생동물에 속하지는 않는다 해도, ㉠의 목적이 주민의 안전 보호에 있다면, 위험한 공격성을 지니고 있는 들개도 전형적인 야생동물과 마찬가지로 그것을 기르는 것이 금지될 수 있을 것이다.

오답 해설

① 비록 길고양이가 전형적인 야생동물에 속하지는 않는다 해도, ㉠의 목적이 야생의 생물 다양성을 보존하는 데 있다면, 멸종 위기 품종인 길고양이도 전형적인 야생동물과 마찬가지로 그것을 기르는 것이 금지될 수 있을 것이다.

② [A]의 입장에서는 사자가 야성을 잃고 평생을 사람과 함께 살았어도 일단 사자인 한 '야생동물'의 언어적 의미에 해당한다 하더라도, 그 점에 근거하여 사안을 결정하지는 않을 것이다. 오히려 규칙의 목적을 고려하여 (주민 안전도 위협하지 않고, 딱히 야생의 생물 다양성 보존에 기여할 수도 없을 것 같은) 이미 야성을 잃어버린 노쇠한 사자를 기르는 것을 허용할 수도 있을 것이다.

④ [A]의 "주변부의 사안을 해석자의 재량에 맡기기보다는 규칙의 목적에 구속되게 해야 할 뿐 아니라, 심지어 중심부의 사안에서조차 규칙의 목적에 대한 조회 없이는 문언이 해석자를 온전히 구속할 수 없다"로부터, [A]의 입장에서는 문언의 언어적 의미를 기준으로 판단하는 것이 아님을 알 수 있다.

⑤ [A]의 입장에서는 문언의 언어적 의미를 기준으로 판단하는 것이 아니다. 설령 언어적 의미를 기준으로 한다 하더라도 유전자 조합 동물을 기르는 것이 금지되었다면, 이는 그것을 '야생동물'에 포함시켰기 때문이라고 봐야 한다.

예제 4-5   정답 ④

문제 풀이

르포르는 권력에 대한 권리의 선차성을 언급하면서 권리의 주체에 대해 제안을 하고 있다면, 푸코는 권력에 의한 주체의 생산과 관리를 주장하고 있다. 르포르와 푸코가 권리와 권력의 관계를 사유하는 방식의 차이, 그에 따른 주체의 문제에 대한 관점의 차이를 파악하도록 한다.

정답 해설

르포르는 권력에 대한 권리의 선차성을 주장하면서 권력이 설정한 경계를 넘어 권리의 정치를 통한 주체의 형성을 주장했다. 반면 푸코는 국가권력이 권력의 시선, 즉 규율을 내면화한 주체를 생산하고 관리한다는 점에 주목했다.

① 르포르는 원칙적으로 권력에 대한 권리의 우선성을 주장한다는 점에서 권리에 대한 권력의 종속을 비판했다는 것은 적절하지 않다. 권력과 권리를 종속관계로 파악하는 것 역시 오류이다. 르포르가 비판하는 지점은 권력의 독점이다.

② 푸코는 권리에 대한 요구로 권력을 제한하려 했다기보다는 권력이 권리를 부여함을 통해 주체들을 만들고 생산한다는 점에 주목했다.

③ 푸코는 개인의 권리의 확대로 인해 국가가 더 깊이 개인의 삶에 침투하는 권력으로 전환되는 역설을 낳았다고 보았다. 이로 인해 근대의 자율적 주체는 사라져 버렸다.

⑤ 푸코는 권력으로부터 개인의 안전을 확보하기 위한 해결책을 찾으려 했던 것이 아니라, 사회 속에 개인의 삶이 가진 위험으로부터 개인을 보호하기 위해 권력이 작동한다는 점에 주목했다.

예제 4-6 　　　　　　　　정답 ④

문제 풀이

제시문 네 번째 단락으로부터, 지구에서 멀수록 중력 위치 에너지는 크고 운동 에너지는 작다는 것을 알 수 있다. 그리고 〈보기〉의 궤도 A와 궤도 B는 각각 제시문 〈그림〉의 큰 타원 궤도와 작은 타원 궤도에 해당한다. 즉 〈보기〉의 우주선 X는 제시문 〈그림〉의 원 궤도를 돌다가 연료 분사 후 큰 타원 궤도 또는 작은 타원 궤도로 진입하고, 우주선 Y는 계속해서 제시문 〈그림〉의 원 궤도를 도는 것으로 이해하면 된다.

정답 해설

제시문 다섯 번째 단락 "전방 분사를 하면 〈그림〉의 작은 타원 궤도로 진입한 우주선의 속력은 원 궤도에서보다 더 느려진 진입 속력과 더 빨라진 최대 속력 사이에서 변화한다."는 우주선 X가 〈보기〉의 궤도 B로 진입한 경우에 관한 설명이다. 이를 궤도 A로 진입한 경우에 적용하면 '후방 분사를 하면 〈그림〉의 큰 타원 궤도로 진입한 우주선의 속력은 원 궤도에서보다 더 빨라진 진입 속력과 더 느려진 최소 속력 사이에서 변화한다.'가 될 것이다. 즉 궤도 A로 진입한 우주선 X의 진입 당시 속력은 〈보기〉의 원 궤도에서보다 빠르지만, 이후 점점 느려져 최소 속력은 〈보기〉의 원 궤도에서의 속력보다 느려지며, 이후 다시 빨라져서 궤도 A 진입 지점으로 돌아올 때에는 궤도 A 진입 당시의 속력이 되는데 이것이 최대 속력이다. 궤도 A에서 우주선 X의 속력은 이 최대 속력과 최소 속력 사이에서 변하게 된다. 반면 우주선 X와 질량이 같고 〈보기〉의 원 궤도를 도는 우주선 Y는 우주선 X가 〈보기〉의 원 궤도를 돌던 속력과 같은 속력으로 움직이고 있으므로, 우주선 X가 궤도 A에서 지구를 한 바퀴 도는 동안 두 지점에서 우주선 Y와 속력이 같아지게 될 것이다(최대 속력인 지점에서 출발하여 우주선 Y와 속력이 같은 지점을 거쳐 최소 속력인 지점에 도달하고 다시 우주선 Y와 속력이 같은 지점을 거쳐 최대 속력인 지점에 도달함으로써 지구를 한 바퀴 돌게 된다). 두 우주선의 질량이 같고 운동 에너지는 속력의 제곱에 비례하므로, 우주선 X가 궤도 A에서 지구를 한 바퀴 도는 동안 두 지점에서 우주선 Y와 운동 에너지가 같아지게 될 것이다.

오답 해설

① 제시문 네 번째 단락 "〈그림〉의 원 궤도에 있는 우주선이 궤도의 접선 방향으로 … 전방 분사하면, 운동 에너지가 감소하고 〈그림〉의 작은 타원 궤도로 진입하여 우주선은 기존보다 지구에 더 가까워진다."로부터, 전방 분사 후 우주선 X는 〈그림〉의

작은 타원 궤도에 해당하는 〈보기〉의 궤도 B로 진입하여 기존보다 지구에 가까워진다는 것을 알 수 있으므로, 네 번째 단락 "궤도 운동하는 우주선이 지구 중심에서 멀어지면 속력이 느려지고 가까워지면 속력이 빠르게 된다."로부터, 우주선 X의 속력이 원 궤도에 있는 우주선 Y보다 빨라질 것임을 추론할 수 있다. 두 우주선의 질량은 같으므로, 제시문의 식 $K=\frac{1}{2}mv^2$으로부터 우주선 X의 최대 운동 에너지가 우주선 Y보다 크다는 결론이 도출된다.

② 제시문 네 번째 단락 "우주선이 지구에 가까울수록 중력 위치 에너지는 작아지고, 멀수록 중력 위치 에너지는 커진다."로부터, 〈그림〉의 큰 타원 궤도에 해당하는 〈보기〉의 궤도 A에서 우주선 X의 중력 위치 에너지는 원 궤도와 접하는 지점에서 최소이고 이외의 지점에서는 이보다 크며, 〈그림〉의 작은 타원 궤도에 해당하는 〈보기〉의 궤도 B에서 우주선 X의 중력 위치 에너지는 원 궤도와 접하는 지점에서 최대이고 이외의 지점에서는 이보다 작다는 것을 추론할 수 있다. 즉 우주선 X의 궤도 A에서의 최소 중력 위치 에너지는 궤도 B에서의 최대 중력 위치 에너지와 같다.

③ 제시문 네 번째 단락 "〈그림〉의 원 궤도에 있는 우주선이 궤도의 접선 방향으로 후방 분사하여 운동 에너지를 증가시키면, … 우주선은 기존의 원 궤도보다 지구로부터 더 멀리 도달할 수 있는 〈그림〉의 큰 타원 궤도로 진입한다."로부터, 후방 분사 후 우주선 X는 〈그림〉의 큰 타원 궤도에 해당하는 〈보기〉의 궤도 A로 진입한다는 것을 알 수 있다. 또 네 번째 단락 "우주선이 지구에 가까울수록 중력 위치 에너지는 작아지고, 멀수록 중력 위치 에너지는 커진다."로부터, 〈그림〉의 큰 타원 궤도에 해당하는 〈보기〉의 궤도 A로 진입한 후 우주선 X의 중력 위치 에너지는 원 궤도와 접하는 지점에서 최소라는 것을 추론할 수 있는데, 원 궤도와 접하는 지점에서이므로 이 최솟값은 원 궤도를 도는 우주선 Y의 중력 위치 에너지와 같다.

⑤ 제시문 〈그림〉을 보면, 작은 타원 궤도를 도는 우주선과 원 궤도를 도는 우주선의 가능한 거리 중 최댓값(원 궤도의 지름)이 큰 타원 궤도를 도는 우주선과 원 궤도를 도는 우주선의 가능한 거리 중 최댓값(큰 타원 궤도의 긴 지름)보다 작다는 것을 확인할 수 있다. 따라서 두 우주선의 가능한 거리 중 최댓값은 우주선 X가 〈그림〉의 작은 타원 궤도에 해당하는 〈보기〉의 궤도 B로 진입한 경우가 〈그림〉의 큰 타원 궤도에 해당하는 〈보기〉의 궤도 A로 진입한 경우보다 작다.

예제 1

답안 1 병의 입장을 선택한 경우

병에 따르면 창작자는 예술작품의 처분 후에도 자기 작품의 동일성 유지와 보존에 관한 이익을 갖고 있는데, 특히 미술작품의 경우 원본이 파괴되면 더 이상 세상에 존재하지 않게 되므로, 을이 벽화를 폐기한 행위는 갑의 인격권을 침해한 것이다.

첫째, 을은 미술품 소유자로서 미술품을 폐기할 수 있다고 주장한다. 그러나 미술품의 경우 창작자의 인격이 체화되어 있고, 양수인은 이러한 인격권의 제한이 있는 소유권을 취득하게 되므로, 을이 일방적으로 폐기할 수 없다.

둘째, 을은 예술의 자유는 예술작품을 창작하는 과정에서의 자유를 의미하므로 창작행위의 결과물인 예술작품은 예술의 자유에 의하여 보호받지 못한다고 주장한다. 그러나 예술작품의 보호가 없는 창작행위의 보호는 무의미하므로, 예술의 자유에는 예술작품의 보호도 포함된다.

셋째, 을은 주관적 명예감정을 침해한 것만으로는 인격권의 침해가 되지 않는다고 주장한다. 그러나 을은 단순히 갑의 명예감정만 침해한 것이 아니라 다음과 같은 이유로 갑의 작품에 대한 사회적 평가를 침해한 것이다. 갑의 벽화는 가족공원의 이미지에 맞게 제작된 '장소 특정형 작품'으로서, 가족공원의 설계변경 등 객관적인 사유도 없이 갑의 벽화를 철거하였다. 또한 벽화 설치 과정에서 그 내용에 대하여 이미 외부 인사의 검사를 거쳤고 설치 후 1년이 경과하여 이미 공공성을 취득하였으므로, 벽화를 폐기하고자 하는 경우 전문가의 의견 및 주민 여론을 수렴하는 절차를 거쳐야 하는데 그러한 절차 없이 일방적으로 폐기하였다. 등장인물이 남자라는 이유로 폐기하고자 한다면 위 벽화에 여자를 추가하거나 공원내 다른 장소에서 대칭적 이미지를 갖는 벽화를 설치하는 방법으로 해결할 수 있는데 그러한 대안을 고려하지 않았다. 나아가 벽화를 철거하는 과정에서 임의로 물을 분사하여 작게 절단하였고 철거 후 벽화를 가족 공원에 방치하였다.

넷째, 갑이 미술품을 을에게 처분하면서 인격권을 포함한 일체의 권리를 을에게 양도하였으므로, 갑은 더 이상 미술품에 대한 인격권을 주장할 수 없다고 주장한다. 그러나 인격권은 성질상 양도할 수 없고 또한 갑이 미술품을 양도하면서 자신의 인격권을 포기한 사실이 없으므로, 을의 주장은 타당하지 않다.

마지막으로, 을이 자신이 거주하는 공간에서 제거할 수 있다고 주장하고 있으나 벽화가 설치된 가족 공원은 공개적인 장소이고 사적인 공간이 아니다. (1,160자)

정에 따르면 예술작품을 부분적으로 변경하는 경우 창작자의 예술작품의 동일성 유지에 대한 이익을 침해하는 것이 되지만 예술작품의 소유자에게 예술품 보존의무가 있는 것이 아니므로 예술작품의 폐기는 창작자의 인격권을 침해한 것이 아니다. 또한 예술가의 인격권을 강조하면 예술작품의 유통성이 저해되어 결과적으로 예술가의 이익을 해치게 된다.

첫째, 을이 사전 협의나 동의 없이 벽화를 철거한 행위는 창작자로서 벽화의 전시·보전에 대한 이익을 가진 갑의 인격권을 침해한 행위라고 주장한다. 일반적으로 창작자는 미술품을 양도한 후에도 미술품에 대해 인격권을 가질 수 있으나 공공장소에 설치된 미술품('공공설치미술품')의 경우에는 그 작품에 대한 공공의 이해관계가 중요하므로 창작자의 인격권이 제한된다. 또한 미술품에 대한 인격권은 포기할 수 있는데 이러한 포기는 미술품을 처분할 때 묵시적으로도 할 수 있다. '공공설치미술품'의 경우 창작자가 그 폐기에 동의한 것으로 간주하는 것이 타당하다. 그렇지 않으면 공공성의 상실로 폐기하고자 할 때 창작자의 동의를 얻지 못할 경우 폐기할 수 없게 되는 불합리한 결과가 발생하게 된다.

둘째, 을은 가족공원에 벽화를 설치하면서 외부 인사의 사전 검사를 거쳤는데, 이러한 설치경위에 비추어 볼 때 1년 후 갑이 벽화를 철거한 것은 합리적인 이유가 없다고 주장하고 있다. 그러나 벽화의 등장인물이 가족공원의 이미지와 맞지 않음에도 불구하고 사전에 외부 인사의 검사를 거쳤다는 이유로 계속 설치하게 하는 것은 오히려 벽화의 개방성과 공공성에 비추어 볼 때 타당하지 않다.

마지막으로, 을은 물을 분사하여 벽화를 훼손하였고 원래의 규격보다 작게 절단한 후 분리된 벽화를 가족공원의 어느 공간에 방치하였는데, 이러한 철거방식은 갑의 인격권을 침해한 것이라고 주장한다. 을이 소유자로서 벽화를 철거할 권리가 있다고 한다면 그 철거방식은 자유롭게 선택할 수 있으므로 반드시 재활용이 가능한 방식으로 폐기하여야 하는 것은 아니다. 또한 가족공원의 이미지에 맞지 않은 벽화를 다른 공공장소에 설치하는 것도 바람직하지 않다. 나아가 분리된 벽화를 가족공원의 어느 공간에 방치한 것은 이미 폐기되어 예술적 가치가 없는 것을 위와 같이 처리한 것으로, 이로 인하여 창작자의 인격권이 침해되었다고 볼 수 없다. (1,126자)

예제 2

답안 1 정관 개정안을 지지하는 다수 조합원의 입장을 선택한 경우

<사례>에서는 협동조합의 형태를 갖춘 기업 A의 정관 개정안을 둘러싸고 찬반 의견이 제시되고 있다. 나는 정관 개정안을 발의한 다수 조합원의 입장을 지지한다. 조합원들의 자유롭고 평등한 민주적 참여를 규정하는 정관-나와, 다수결에 따른 의사결정을 규정하는 정관-다에 비추어 볼 때 A의 운영에 조합원들의 의사가 가장 중요하다고 할 수 있기 때문이다. 또한 조합원의 다수결에 따른 의사결정방식은 정관-가에서 A의 목적으로 규정하는 조합원의 권익 향상에도 부합하므로 A의 주인인 다수 조합원의 의사가 반영된 정관 개정안은 그 자체로 정당성을 가진다.

정관 개정안에 반대하는 소수 조합원은 정관-라에 따라 A의 운영 과정에서 규칙과 절차가 반드시 지켜져야 하며, 정관-바에 따라 조직 내부 기관의 권한은 균형을 이루어야 한다고 주장한다. 또한 정관을 개정하면 정관-차에서 말하는 지속 가능한 발전이 저해되고 이사장의 전횡 문제도 생길 것이라고 우려한다. 나아가 A는 정관-가에 따라 사회적 공헌을 목적으로 설립되었으므로 이윤 추구를 목표로 삼는 것은 바람직하지 않다고 할 것이다.

그러나 A도 결국 수익을 창출해야 살아남을 수 있는 기업이라는 사실에 주목해야 한다. 지속 가능성을 고려하기에 앞서 우선 기업이 처한 위기를 신속하고 능동적으로 대처하여 이익을 늘려야 한다. 재정적 위기상황에 직면해 있는 A에게 현재 이윤 추구는 꼭 필요하고 지속 가능성이나 사회적 책임은 그 이후에 고려해야 한다. 정관-아에서 이사회는 A의 경영을 담당한다고 규정하는데, 규칙과 절차를 유연하게 적용하여 경영진에게 경영 판단에 대한 재량을 좀 더 넓게 인정해 준다면 급변하는 기업 환경에 효율적으로 대처할 수 있을 것이고 이러한 범위 내에서 이사장의 권한 강화는 현 정관에 배치되지 않는다고 본다. 정관 개정안은 조합원들의 민주적 합의를 통해 결정된 것이므로 그 어떤 것도 이보다 우선할 수 없으며 A가 처한 상황을 해결하기 위한 적합한 방안을 담고 있다. 또한 정관 개정안은 오직 '긴급한 사유'가 있는 경우에만 경영진에게 규칙 및 절차 준수 의무를 면제한 것이므로 경영에 있어 이사장이 무조건적인 독단을 발휘할 가능성은 제한된다. 그럼에도 불구하고 이사장의 전횡이 나타난다면 정관-마에 의해 조합원의 결의로써 다시금 정관을 개정할 수 있으므로 소수 조합원들의 우려는 문제가 되지 않을 것이다. (1,161자)

<사례>에서는 정관 개정안에 관해 두 가지 입장이 대립한다. 정관 개정안은 A의 목표로 이윤 추구의 원리를 추가하고, 긴급한 경우 경영진에게 정관이 정한 규칙 및 절차 준수 의무를 면제한다. 또한 이사장의 권한은 강화하고 감사의 권한은 축소한다. 정관 개정안을 지지하는 입장은 재정 적자 문제를 해결하기 위해 정관 개정안을 지지한다. A 역시 기업으로서 수익을 창출해야 하고, 정관 개정안은 다수결 원리에 따라 발의된 것이기에 허용된다고 주장한다. 반면 이를 반대하는 입장은 정관 개정안이 지속 가능한 발전에 필요한 규칙 및 절차를 훼손하고 권한 배분을 약화하여 이사장의 전횡을 막을 수 없다고 비판한다. 정관 개정안을 지지하는 입장은 단기적인 수익 창출, 정관 개정의 민주적 정당성, 규칙 및 절차의 탄력적인 적용, 유연한 경영 등을 강조한다. 반면 이를 반대하는 입장은 지속 가능한 이익 창출, 규칙 및 절차 준수의 안정성, 권한 배분을 통한 이사장 통제, 투명한 경영을 강조한다.

A가 처한 재정 위기를 고려하면 정관 개정안의 취지에도 공감이 되지만, 이는 A의 지속 가능한 이익을 훼손한다는 점에서 이를 반대하는 의견이 타당하다. A 역시 기업이기에 이윤 추구 역시 중요하다. 그렇지만 정관-가에 따르면, A는 조합원의 권익 향상 및 지역사회 공헌에 이바지해야 한다. 정관 개정안은 정관-다가 정한 다수결 원리에 따른 것으로서 정관-나가 정한 민주적 참여와 결정을 존중하는 것으로 보인다. 그 점에서 적법성에 문제는 없어 보인다. 그렇지만 정관 개정안은 정관-라가 정한 규칙 및 절차의 우선성을 약화할 수 있다. 또한 지속가능한 이익을 실현하는 데 필수적인 정관-바의 권한 배분 원리, 감사의 이사장 견제 및 독립성을 규정한 정관-자와 정관-차의 취지를 훼손할 수 있다. 이러한 규정은 이사장과 감사의 권한을 배분하고, 서로 감시 및 통제하도록 하여 A가 지속 가능한 이익을 확보하도록 한다. 그런데 정관 개정으로 이러한 권한 배분 원리를 약화한다면, 이는 장기적으로는 A에게 손해가 될 것이다.

이러한 점을 고려하면, 단기적 이익에 집착한 정관 개정안에 반대하는 것이 타당하다. 비록 정관 개정안이 민주적인 정관 개정과 유연한 경영을 강조하지만, 이에 못지않게 규칙 준수의 안정성 및 권한 배분을 통해 획득할 수 있는 지속 가능한 이익 역시 중요하다. A의 존재 이유를 고려하면, 후자에 우선권을 인정해야 한다. (1,187자)

예제 3

답안 1   **포지티브 규제 형식을 선택한 경우**

<사례 1>에서는 <규제 형식> 중에서 네거티브 규제가 적용되고 있다. 이 때문에 다양한, 때로는 혐오스러운 동물이 자유롭게 거래되고 있다. 동물보호단체 P는 이런 네거티브 규제로 각종 전염병 및 생태계 교란 등과 같은 사회적 위험이 발생할 뿐만 아니라, 동물 자신의 이익에도 해가 되는 문제가 나타나고 있다고 주장한다. 이에 반해 <사례 2>에서는 포지티브 규제가 적용되고 있다. 이로 인해 스타트업 기업 Q는 제때에 사업허가를 받지 못해 신속하게 시장에 진출하지 못하고 있다.

이처럼 <규제 형식>으로서 포지티브 규제와 네거티브 규제가 대립하는데, 이 중에서 포지티브 규제가 타당하다고 생각한다. 그 이유는 다음과 같다. 지침 ㉮가 말하듯이, 규제는 사회의 요구에 적절하게 응답해야 한다. 이에 대해 ㉣처럼, 가능한 한 규제를 적게 하여 사회나 시장 스스로가 자율적으로 문제를 해결하도록 하는 것이 사회의 요구에 적절하게 응답하는 것이라고 주장할 수도 있다. 그렇지만 '시장의 실패'가 예증하듯이, 복잡성과 다원성이 극도로 증가하는 오늘날 사회에 자율적인 문제해결 능력을 기대하는 것은 어렵다. 또한 ㉯가 보여 주듯이, 규제는 행위제한을 넘어 특정한 가치를 형성하는 데 기여해야 한다. 이러한 가치 형성을 사회 스스로가 하기는 어렵다.

포지티브 규제에 따르면, <사례 2>는 문제로 보일 수 있다. 그렇지만 주차는 우리의 생명 및 안전과도 관련이 깊다. 따라서 이를 섣불리 허가하면, 오히려 무분별한 주차로 우리의 생명과 안전을 위협할 수 있다. 따라서 이 경우 ㉰가 말하는 것처럼 포지티브 규제를 통해 사회에 해악이 될 수 있는 행위를 예방해야 한다. 그렇게 하는 것이 ㉺가 주장하는 것처럼 사회의 공리를 극대화는 것이 될 수 있다.

<사례 1>은 포지티브 규제가 적극 필요한 경우이다. 물론 다양한 동물을 거래하고 키우도록 허용하는 것은 ㉴처럼 인간의 자유와 권리를 최대한 보장하는 것이 될 수 있다. 그렇지만 이는 두 가지 해악을 초래한다. 첫째는 전염병 유행과 같은 사회적 해악이고, 둘째는 동물 자신의 이익침해라는 해악이다. ㉰가 강조하듯이, 우리는 이러한 해악을 규제로써 사전에 예방해야 한다. 끝으로 중요한 것은 ㉻가 말하듯이, 포지티브 규제를 활용하여 인간과 동물이 지속가능하게 공존하는 사회를 만들어야 한다는 것이다. (1,141자)

두 가지 <사례>에서는 각각 적용되는 <규제 형식>으로 인해 문제가 나타나고 있다. <사례 1>은 네거티브 규제로 인해 야생동물을 키우거나 거래하는 개인이 늘어 질병 확산 등 사회에 위험이 초래되고 동물의 건강 역시 저해될 우려가 있어 문제가 된다. <사례 2>는 포지티브 규제로 인해 Q의 사업이 반사회적이거나 비윤리적인 사업이 아님에도 불구하고 법적 근거가 없다는 이유로 허가받지 못하고 있어 문제가 된다.

특정한 의무를 부과하거나 권리를 제한하는 규제는 최소한으로 이루어져야 한다고 생각한다. 개인의 자유와 권리는 최고의 가치이기에 예외적으로 금지되는 사항만을 규정하고 나머지는 널리 인정해 주는 것이 바람직하다. ㉮의 문언대로 신속하게 변화하는 사회의 요구에 탄력적으로 대응하기 위해서도 그러하다. 혹자는 ㉯에 따라 철저한 사전 규제로써 사회의 혼란을 예방해야 한다고 주장할지 모르나, ㉰처럼 사회는 스스로 문제를 해결할 수 있는 능력을 가진다. 또한 네거티브 규제에 따르더라도 사후적인 개인의 책임까지 배제되는 것은 아니므로 문제가 발생하여도 점차 개인과 사회의 이익에 부합한 방향으로 해결될 것이다.

<사례 1>에서 P는 개인이 야생동물을 키우는 것에 대해 사회적 차원과 동물 복지의 차원에서 문제를 제기하고 있으나, 다양한 동물을 키우는 것이 보편화된 현 상황에서 국가가 지정한 동물만을 키우도록 강제하는 것은 과도한 제한이다. 동물은 인간의 배려를 받아야 하는 존재이지만, ㉱처럼 인간의 자유와 권리가 더욱 상위의 가치이기에 반려 동물을 선택할 권리는 보장되어야 한다. 더욱이 야생동물을 키우고자 하는 동물애호가라면 규제 없이도 충분한 사전 지식을 갖추고 동물의 습성을 고려하여 키울 것이므로 ㉲의 인간과 동물의 공존에도 문제가 없을 것이다.

<사례 2>에서 Q는 포지티브 규제로 인해 영업의 자유를 침해당하고 있다. 복잡하고 다양한 현대 사회에서 규제가 발전의 속도를 따라가는 것은 불가능에 가깝다. 기술은 끊임없이 발전하고 산업의 유형과 내용에도 많은 변화가 예상되는데, 일일이 허용 근거를 마련해야 하는 포지티브 규제는 시간과 비용의 측면에서 효율적이지 않다. Q와 같은 신생 기업들은 완화된 규제 속에서 더욱 발전하고 경쟁력을 갖출 수 있을 것인데, 이를 위해서도 네거티브 규제로 전환하는 것이 타당하다. 이러한 목표 설정은 ㉳의 정책 및 가치 형성에도 부합하며 ㉴의 사회 공리에 이바지하는 결과로 이어질 것이다. (1,196자)

예제 4

답안 1 수문장에 대한 부정 판단과 배심원에 대한 긍정 판단

두 사례들의 유사점은 법을 문구대로 엄격하게 적용한 결과 부적절한 결과가 발생한다는 것이다. 차이점은 <사례 1>의 법은 도시 전체의 안전을 확보하기 위한 목적이고, <사례 2>의 법은 시민들의 재산을 보호하기 위한 것이다. 법의 집행이 초래하는 결과에서도 <사례 1>은 성문 밖 시민의 생명을 보호하지 못하게 되며, 그 결과 시민들이 성문 밖으로 다닐 자유가 크게 위축될 것이라면, <사례 2>는 가난한 사람들의 생명을 박탈하고, 미개척 토지에 대한 전통적인 이용의 자유가 사라진다는 차이가 있다.

결과적으로 <사례 1>의 수문장의 판단은 옳지 않고 <사례 2>의 배심원의 판단은 옳다고 평가된다. 그 이유는 다음과 같다. ㉮에 의하면 법의 엄격한 적용이 부적절한 결과를 초래하는 경우 입법자의 입장에서 간과한 점을 찾아 법을 교정하는 방법으로 보완해야 한다. <사례 1>에서 입법자가 간과한 것은 성문을 열더라도 당장 도적의 침입 우려가 없다면 성문 밖 시민을 구하기 위해 일시 성문을 여는 것을 허용해야 한다는 것이다. <사례 2>는 가난한 사람들에 대한 고려이다. 10만 원을 초과한 재산범죄자를 예외 없이 사형에 처하는 법은 가난한 사람에 가혹하므로, 연소득 얼마 이하의 사람은 예외로 하는 방식으로 구제할 필요가 있다. ㉮에 의하면 이와 같은 방법으로 법을 교정할 수 있다. ㉯는 법의 목적을 질서와 평화의 보장에 두고, 이를 위해 엄격한 법집행을 강조한다. 그러나 법의 엄격한 집행이 부적절한 결과를 초래하는 부조리를 외면한 점에서 타당하다고 볼 수 없다. ㉰는 입법 및 법의 해석과 집행에서 공동선을 최고의 가치로 둔다. 또 법의 엄격한 집행이 공동선에 중대한 해악을 초래함이 분명하고, 위급한 필요나 현저한 부정의가 있는 경우에 한해 법의 문구에 반해 행동하는 것이 허용될 수 있다고 한다. <사례 1>의 수문장은 도시 전체의 안전을 보장하기 위해 성문을 닫아 두고 있으나 그 결과 초래될 성문 밖 시민들의 희생에 대해 어떤 고려도 하지 않는다. 이들의 생명을 외면하는 이러한 조치야말로 공동선에 중대한 해악이 될 수 있다. 또 이들을 구할 긴급한 필요도 인정되므로 수문장은 법의 문구에 반해 행동할 수 있다고 보아야 한다. <사례 2>도 가난한 사람들의 희생이 공동선에 중대한 해악이 됨이 분명하고 현저한 부정의를 피하기 위한 필요가 인정되므로 배심원들은 법의 문구에 반해 행동할 수 있다고 보아야 한다. (1,188자)

두 사례들의 유사점은 도시의 질서와 평화를 확보하기 위해 새 법을 제정했다는 것이다. 차이점은 <사례 1>의 법은 도시 전체를 도적들의 해악으로부터 보호하기 위한 것인데 <사례 2>의 법은 개인의 재산권을 보호하기 위한 것이라는 점, <사례 1>은 수문장의 엄격한 법집행 결과 질서와 평화를 확보할 수 있었으나 대신 성문 밖 시민의 희생이 불가피했던 반면, <사례 2>는 배심원들이 법을 엄격하게 적용하면서도 융통성 있는 사실 인정으로 가난한 사람들이 법집행에 희생되는 것을 막았다는 점이다.

<사례 1>의 수문장과 <사례 2>의 배심원들의 판단은 모두 옳다고 평가된다. ㉯는 법의 목적이 질서 및 평화 보장에 있다고 한다. 이를 위해서는 엄격한 법집행에서 불합리한 결과가 생겨도 법을 문구대로 집행해야 한다. <사례 1>의 수문장은 법의 목적에 충실하게 법을 문구대로 집행한 것이므로 그의 판단은 타당하다. <사례 2>의 배심원은 사실 인정에서 재량을 행사했으나 법을 어긴 사람이 가난하여 불쌍히 여긴 것이 동기가 되었다는 점에서 이들의 법위반 행위가 질서와 평화에 전혀 위협이 되지 않는다는 전제에서 판단한 것으로 볼 수 있다. ㉠에 의하면 법의 엄격한 적용이 부적절한 결과를 낳을 때는 입법자가 간과한 점을 찾아 법을 교정해야 한다. <사례 1>의 수문장이 도적들이 근접했음을 확인한 상태에서 성문 밖 시민을 구하려고 성문을 연다면 자칫 도적떼가 침입할 위험을 야기할 수 있으므로 이런 상황에 대처하는 데 입법에서 간과한 점이 있다고 단정하기 어렵다. <사례 2>는 입법에서 가난한 사람에 대한 고려가 부족했다고 보일 수 있으나 배심원의 위와 같은 판단에 비추어 보면 입법상 간과된 점이 있다고 보기 어렵다. ㉰는 법의 엄격한 집행이 공동선에 중대한 해악을 초래함이 명백하고 위급한 필요나 현저한 부정의가 있는 경우 법의 문구에 반해 행동할 수 있다고 한다. <사례 1>의 수문장은 도시의 안전을 확보하기 위해 성문을 닫았다. 그러나 만약 수문장이 법문에 반해 성문 밖 시민을 구하기 위해 성문을 연다면 도시에 더 큰 위험을 야기했을 것이므로 그의 행위는 면책될 수 없을 것이다. <사례 2>는 질서와 평화에 위협이 되지 않는 사람을 법의 제물로 삼는 것은 공동선에 중대한 해악이 됨이 명백하고 또 이들을 사형시킴으로써 현저한 부정의가 발생하는 것을 피하기 위한 필요가 인정되므로 배심원은 법의 문구에 반해 행동할 수 있다. (1,195자)

MEMO

MEMO